高校体育教学与运动训练研究

张 仲 林晓红 黄嘉诚 ◎著

重庆出版集团 重庆出版社

图书在版编目(CIP)数据

高校体育教学与运动训练研究/张仲,林晓红,黄嘉诚著.—重庆:重庆出版社,2022.11
ISBN 978-7-229-17245-9

Ⅰ.①高… Ⅱ.①张… ②林… ③黄… Ⅲ.①体育教学－教学研究－高等学校②运动训练－教学研究－高等学校 Ⅳ.①G807.4②G808.1

中国版本图书馆CIP数据核字(2022)第205935号

高校体育教学与运动训练研究
GAOXIAO TIYU JIAOXUE YU YUNDONG XUNLIAN YANJIU
张　仲　林晓红　黄嘉诚　著

责任编辑:钟丽娟
责任校对:刘　刚
装帧设计:白白古拉其

重庆出版集团
重庆出版社 出版

重庆市南岸区南滨路162号1幢　邮编:400061　http://www.cqph.com
北京四海锦城印刷技术有限公司印刷
重庆出版集团图书发行有限公司发行
E-MAIL:fxchu@cqph.com　邮购电话:023-61520646
全国新华书店经销

开本:787mm×1092mm　1/16　印张:9.25　字数:230千字
2023年6月第1版　2023年6月第1次印刷
ISBN 978-7-229-17245-9
定价:58.00元

如有印装质量问题,请向本集团图书发行有限公司调换:023-61520678

版权所有　侵权必究

前　言

　　大学生是未来祖国现代化建设的人才。健壮的体魄、良好的心理素质、高尚的道德情操已成为 21 世纪对人才的基本要求。大学生正处于身体发育的旺盛阶段，因此树立健康第一的思想，培养良好的体育锻炼习惯、掌握科学的体育锻炼方法，对于提高大学生个人身体素质，进而提高全民族体质，具有特别重要的意义。高校体育教学是我国高校教育和体育教育的重要组成部分，在促进我国体育和教育事业发展，促进大学生健康全面发展方面发挥着重要作用。

　　我国高校传统的体育教学模式，已经不能适应现有的高校办学规模和教育体制，我国高校体育教学模式的改革，已经成为迫在眉睫的一项重要教育改革任务。尤其近年来，高校体育教学改革虽然取得了一定的成绩，但同时也存在着诸多的问题，要解决这一问题，必须对高校体育课程进行重新的认识和定位。必须树立正确的教育改革观念以及全面的育人观念，并用"学有所用"的教育理念论述这一教学改革的合理性、科学性，用实践检验出改变传统体育教学的必要性。提高学生的创造性思维，引导他们能够面对并适应高校体育教学的现实问题。

　　本书围绕"高校体育教学与运动训练研究"，以高校体育教学知识为基础和前提，依次探讨了高校体育教学相关理论、高校常见运动项目训练两大部分。从内容上看，本书内容涉及面广、针对性强，着重研究了高校体育教学理念、高校体育教学方法、高校体育教学模式、高校体育课程系统开发、高校常见运动项目以及高校有氧运动等内容。为高校体育教学的发展奠定了基础。从结构上看，本书构思新颖、逻辑严谨，将理论与实践紧密结合，使读者在充分了解高校体育教学概论的基础上，加强高校体育教学在理论与实践中的应用。

　　国家所提倡的是素质教育，十分注重学生身体素质的发展，而体育作为提升国民健康与体质健康的根本途径，可以全面地呈现出国家的精神文明，将高校体育教学与运动训练有机融合，可以更好地实现人才培养目标，让高校学生拥有体质健康发展的机会。

目 录

前 言 …………………………………………………………………… 1

第一章 高校体育教学综述 …………………………………………… 1
第一节 高校体育课程教学理论 ………………………………… 1
第二节 高校体育课程与教学目标 ……………………………… 6
第三节 高校体育教学价值观与目标思考 ……………………… 10
第四节 高校体育教学内容结构体系的构建 …………………… 16

第二章 高校体育教学理念与创新 …………………………………… 23
第一节 "以人为本"教学理念 ………………………………… 23
第二节 "健康第一"教学理念 ………………………………… 28
第三节 "终身体育"教学理念 ………………………………… 33
第四节 坚持体育教学理念创新的注意事项 …………………… 37

第三章 高校体育教学方法创新 ……………………………………… 41
第一节 体育教学方法概述 ……………………………………… 41
第二节 传统体育教学方法及应用 ……………………………… 45
第三节 符合现代教育理念的体育教学方法 …………………… 55
第四节 高校体育教学方法的创新与发展 ……………………… 59

第四章 高校体育教学模式创新 ……………………………………… 65
第一节 高校体育教学模式的概述 ……………………………… 65
第二节 合作学习体育教学模式 ………………………………… 70
第三节 多媒体网络体育教学模式 ……………………………… 74
第四节 高校体育教学模式的发展 ……………………………… 81

第五节　高校体育翻转课堂教学模式 …………………………………… 84

第五章　高校常见运动项目训练 …………………………………… 90
　　第一节　高校游泳体能训练 …………………………………… 90
　　第二节　高校足球体能训练 …………………………………… 98
　　第三节　高校篮球体能训练 …………………………………… 114

第六章　高校有氧运动与塑身运动科学化训练 ………………… 125
　　第一节　有氧运动与塑身运动的基本知识 ……………………… 125
　　第二节　有氧运动中各个项目的科学化训练 …………………… 126
　　第三节　塑身运动中各个项目的科学化训练 …………………… 131

参考文献 …………………………………………………………… 141

第一章 高校体育教学综述

第一节 高校体育课程教学理论

一、高校体育课程教学基本理论

（一）高校体育课程基本内容

1. 高校体育课程教学的理念

体育课程的定位，着眼于新世纪人才素质的需求，注重以人为本，强调以学生的学习、发展为教学的中心，以"健康第一"作为教学的指导思想。体育课程教学以学生的学习、发展为本，教学过程中，要求学生进行主动学习。倡导学生主动参与、乐于探究、勤于动手，培养学生体育能力和进行体育锻炼的良好习惯，树立终身体育的运动意识。教师在课程教学过程中的主导作用是引导、帮助学生对体育课程知识、运动方法和动作技术的学习。体育课程突出学生作为课堂教学的主体地位，重视教师的主导作用，在教学过程中为完成共同的教学任务，实现共同的教学目标进行知识技能的传授、研究和探索。

综合应用多学科理论进行教学，促进学生身体的健康发展。现代科学发展越来越呈现综合化的趋势，无论是自然科学还是人文科学，各学科之间往往相互渗透，产生新的边缘学科。体育课程的教学是促进学生生理健康、心理健康水平及社会适应能力的健康发展，有效地增强学生体质的过程。全面发展学生的身体素质和基本运动能力，形成良好的运动技能，同时注重在体育教学过程中对学生进行思想品德教育。

2. 高校体育课程教学的指导思想与任务

健康第一的指导思想不仅给体育课程教学改革注入了新的内涵，而且在提升学校体育价值含量的同时，使学校体育的教学目标更加明确。改变过去传统的体育教学"重竞技"，围绕"达标率""合格率"等功利性倾向，改变教学目标与学生学习的脱节现象，使体育课程教学与 21 世纪社会政治、经济的发展需求相适应，使体育课程教学与促进学生身心健康发展，有效地增强学生体质的目的和以学生为本的教学理念更加贴切。体育教学的指导思想在体育课程教学过程中通过各种途径对学校体育教学目标、教学任务、教学内容、教学方法、教学的组织形式和体育锻炼过程的体系产生极为重大的影响，是整个体育教育理论的核心。

（二）高校体育课程的教学过程与内容

1. 体育课程的教学方法

体育课程教学方法是教师和学生为了实现共同的教学目标，完成共同的教学任务，在教学过程中运用的方式与手段的总称。

体育教学方法主要研究学校体育教学的基本规律，新课题是促进学生身体的健康发展和有效地增强体质、掌握体育知识与运动的规律。

2. 体育课程的教学过程

体育课程理念下的教学观强调：教学过程是师生积极参与、交往互动的过程。教学是教师的教与学生的学的统一，这种统一的实质是交往。在体育课教学过程中，强调教师的教以及学生的学所构成的一个有机组合的整体教学结构系统。教师根据学校体育的教学目的、教学目标、教学任务、教学内容与教学要求，通过体育课程教学与课外体育锻炼活动等不同的组织形式，将具体的体育基础知识、健身方法、运动技术和练习手段，有目的、有计划、有组织、系统地传授给学生。逐步培养学生掌握、应用体育基础知识、健身方法、运动技术和练习手段进行运动健身的能力，以及对学生进行思想、道德、品质的教育。

3. 高校体育课程的教学内容

教学内容是教师和学生据以进行教学的材料，教学的主要媒体。体育教学内容是根据体育课程教学目标、指导思想、教学任务、学生的学习需要与教师的职业技能，遵循体育教学规律和教学原则来选择教学素材，并且对其进行体育教材化的加工和创造，构成科学的、合理的，适合于社会需求和学生发展的体育课程教学内容结构体系。

体育课程教学内容是体育教学实践活动的载体，包含了体育教育的基本理论知识、体育健身的方法、运动技术、思想品质教育等体育教学要素和丰富的文化内涵。教师通过教学内容的"教"和学生对教学内容的"学"的过程，使学生学习、掌握体育教育的基本理论知识、体育健身的方法、运动技术，提高身体的运动能力水平和形成良好的运动技能。从体育教育活动实施过程及其对人的发展角度进行分析，体育课程教学内容从本质上起到了体育教学实践活动的载体作用。

体育教学素材有两个明显的特征：一是素材来源广泛，内容丰富。二是教学素材之间不具有严密的逻辑性，教材系统结构中每项教学素材内容都具有各自的功能性，由多项教材内容具有的功能性总和构成了能够达成多元教学目标的可能。

4. 高校体育课程的教学评价

体育课程教学评价一般包括对教学过程中教师、学生、教学内容、教学方法手段、教学环境、教学管理诸多因素的评价，但主要是对学生学习过程与结果的评价和教师教学工作过程的评价。评价中依据一定的客观标准，通过各种测量和相关资料的收集，对教学活动及其效果进行客观衡量和科学判定。

二、学习体育课程与教学论的意义目标和方法

（一）体育课程与教学论的意义

1. 把握体育课程教学的基本要素，概括地认识体育教学规律和本质

体育课程教学是一个复杂的教学过程，涉及课程教学目标、任务、内容、方法、组织形式以及学生、教师等方面的因素，是由多个层次多因素所组成的综合体系。

了解与掌握体育课程教学的基本规律，清晰而正确地辨别各种教学现象特征与本质，合理组织与实施体育课程教学活动，正确地判断和评价体育教学工作是对从事体育课程的教学的基本要求。我们必须了解、掌握与应用其中的主要构成要素，概括地认识体育教学的规律和本质，全面提升体育教师的专业基础理论水平，从根本上提高体育教师在体育课程教学实践活动中发现问题、分析问题、解决问题的体育教学能力。

2. 掌握与应用教学理论与方法，合理运用教学方法组织与实施教学活动

体育教学理论与方法是一门实用性较强的课程，它是在教育学、体育教学论、体育课程教学实践的有关理论与方法基础上，针对体育课程的具体实情所进行归纳与总结的一门应用性学科。体育教学理论与方法的实用性主要表现在为学生提供系统的教学理论和方法，同时，还为学生提供许多具体的教学活动实例分析，包括学生学习的理论与方法等都做了大量的实例分析和论证，掌握、运用体育教学理论与方法有利于提高体育教师和体育教育专业的学生的职业技能，提高体育课程教学质量。

（二）学习体育教学理论与方法的注意事项

1. 学以致用，带着问题学习，结合体育课程教学实践进行学习

体育教师和体育教育专业学生在学习体育教学理论与方法时，要根据体育课程教学实践过程，带着问题进行学习与实践，通过探讨和老师的指导与帮助，最后寻找出解决问题的方案，从而提高学习的质量，提高自己从事体育课程教学的职业技能和培养发现问题和思辨问题的能力。

在学习体育教学理论与方法的过程中，结合体育课程教学实践进行学习，将体育教学

理论与方法所论述的概念、原理及其方法的学习与课程教学实践活动紧密地结合起来。学习体育课程教学理论与实践的过程中，根据体育教学理论与方法精选的体育教学范例阐述与分析，让体育教师和体育教育专业学生通过学习该课程的过程，能够清楚地掌握、运用体育课程教学的基本理论与方法进行体育课堂教学。

2. 注意掌握基本概念、基本原理和方法，结合体育教学实践进行学习

在学习体育教学理论与方法时要注重理解与运用基本概念和基本原理。基本概念是体育课程教学理论与实践课程的知识要点，基本原理是构成体育课程教学理论与实践的基本内容和组合板块。体育教学理论与方法是实用的教育科学。通过对课程教学理论的学习，观看优质示范课，上公开课、参加教学实习等活动获得对体育教学实践活动的感性认识，加深对体育课程教学中所出现问题的理解与联想。通过创设典型的教学情境进行学习，将教学理论、方法的学习与教学实践活动进行有机结合，注重职业技能的培养，促进教学能力的提高和发展。

（三）学习体育课程与教学论的目标

1. 体育课程与教学论基础知识方面

①了解体育课程的基础知识、新课程理念，掌握中小学体育课程目标，学习用新课程的理念和课程目标指导与评价自己的学习与教学实践。

②初步掌握中小学体育课程的知识内容和结构体系。

③初步掌握中小学体育学科特点与教学特点，以及学习该门学科的态度和方法，能从体育学科特点出发指导自己的学习与组织教学。

④认识与理解体育教学的一般原理与规律，学习体育教学的一般原理与规律指导自己的学习与教学实践。

⑤初步掌握体育教学的常用方法与主要模式，选择和使用体育教学方法与模式于教学实践中。

⑥了解现代先进的学习理论，能用现代学习理论指导自己的学习和教学实践。

2. 体育教学基本技能方面

①掌握体育课堂教学的基本知识和技能，组织自主学习课堂教学片等的基本技能。

②熟练掌握体育教学设计和教学方法以及各种体育教学策略。

③掌握体育教学的组织以及教学手段的运用，能熟练地运用现代教育技术等辅助体育教学。

3. 体育教学、课程开发及教学研究能力方面

①能初步分析教材，设计教案，预设教学过程。

②能初步运用课堂教学技能，组织与管理课堂教学。

③能分析运用先进的教育思想和教学理论，掌握基础教育课程改革的理念，指导课堂教学一对一。

④初步学会运用多种教学评价方式实施体育教学评价。

⑤初步学会校本课程开发、体育课程与教学资源的开发与利用能力。

⑥初步学会选用合适的研究方法，进行体育教与学的初步研究。

4. 体育教师专业情意方面

①赞赏体育教师。热爱体育教师职业，树立献身体育教育当作自己的理想。

②初步养成良好的教师职业道德和职业习惯，具有做一名优秀体育教师的信心。

③具有乐观向上、不断改革和创新体育教育教学工作的远大志向。

（四）学习体育课程与教学论的方法

体育课程与教学论是一门理论与实践相结合的学科，好的学习方法可以起到事半功倍的效果。掌握基本理论知识、关注体育教学实践、注意拓展学习是学习体育课程与教学论过程中的三个基本方法，但这三个基本方法不是彼此孤立的，而是互相联系、统一于实践问题之中的。

1. 掌握基本理论知识

理论知识可以帮助我们了解体育课程与教学相关问题的理论框架，体育课程与教学论的理论知识是在实践中反复探索形成的。学习理论知识时，要注意掌握体育学科的基本结构。位于体育学科基本结构体系中的各种概念、原理、方法和价值观，它们构成一个有机整体。

2. 关注体育教学实践

理论知识并非空中楼阁，也不是无源之水，而是从实践的土壤中萌发与生长的，不论是理论知识的学习，还是问题的发现与探究，都应该以关注实践为根本指导思想。因此，只有充分关注体育教学实践，才能使体育课程与教学理论融会贯通，并在实践的检验中得到不断发展。

3. 注意拓展学习

阅读母学科相关的名著：课程与教学论是体育课程与教学论的母学科。这些名著产生于特定的时代和历史背景中，必然会留下时代发展的痕迹。体育课程与教学的问题是与本

国的政治、经济、文化等有着密切联系的，有着自己的特色，但并不能为此而拒绝了解国内外有关体育课程与教学问题的现实状况。

第二节 高校体育课程与教学目标

一、体育课程与教学目标概述

体育课程与教学目标是体育教学理论中的核心内容之一，集中体现人们对体育课程开发与体育教学设计中的教育价值的理解，是教育目的在体育课程中的具体化。

（一）体育课程目标与体育教学目标的意义

体育课程目标和体育教学目标是体育课程和体育教学理论与实践中非常重要的问题。体育课程目标是指在一定的教育阶段，体育课程力图促进学生身心发展所要达到的预期程度或标准。标准功能是指体育课程目标对体育课程的检查、评估产生的标准作用。

具体而言，体育课程目标有以下主要作用：第一，为体育课程内容和体育教学方法的选择提供依据。第二，为体育课程与教学活动的组织提供依据，把体育课程组织成什么样的类型，把体育教学组织成什么样的形式，在某种意义上取决于体育课程的目标。第三，为体育课程实施提供依据。体育课程的实施过程就是实现体育课程目标的过程。第四，为体育课程评价提供依据。体育课程目标指向的是体育学习中不同方面的"一般反应模式"，体育教学目标则指向体育教学过程中的具体行为方式。体育教学目标是指体育教学主体预先确定的、在具体体育教学活动中所要达到的、利用现在技术手段可以测量的教学结果。

（二）体育课程目标与体育教学目标的关系

在学校具体的教育实践中，课程和教学是学校教育的两个重要组成部分，也是不可分割的两个部分。体育课程目标与体育教学目标并不是相同的，它们之间既有联系，又有区别。体育课程目标和体育教学目标的联系：第一，相对于各级各类学校培养目标和学校体育目标而言，体育课程目标和体育教学目标都是子目标，体育教学目标的制订与体育课程目标的制订都必须以学校培养目标和学校体育目标为依据。第二，体育课程目标与体育教学目标之间有着纵、横两个方面的联系。体育课程目标的实现有赖于体育教学目标的实现，或者说体育课程目标是确定体育教学目标的重要依据。第三，体育课程目标和体育教学目标之间有一个衔接点，这个衔接点就是体育课程的水平目标和体育教学的学年教学目标。

二、体育课程与教学目标的结构与制定

（一）体育课程目标的结构

体育课程目标是有层次结构的，不同的层次结构发挥着不同的功能。对同一层次的目标而言，还存在着不同学习方面和学习水平的区分。

1. 体育课程目标的纵向层次

体育课程目标在垂直向度上具有层次性、线性、累积性的特点。有的学者认为，根据课程目标的不同层次关系，可以依次将课程目标区分为以下不同的层次：课程的总体目标——教育目的；课程的总体目标的具体化——培养目标；学科领域的课程目标；学科领域的课程目标的具体化——教学目标。像一个金字塔顶层目标是抽象的、整体的、普遍性的目标，底层目标是具体的、分化的、特殊的课程目标，数目繁多、底层目标逐步达成之后，课程总目标也就得以达成。体育课程目标体系由体育课程的总目标、体育课程的学习方面目标、体育课程的水平目标和体育教学目标四个纵向层次构成。

体育课程的总目标面向某个教育阶段的全体学生，是特定教育阶段大多数学生通过自己的努力都能够达成的体育学习目标。学习方面目标是指期望各个学习方面达到的相应水平。

体育课程的水平目标。体育课程的水平目标是指不同年龄（学段）学生在各个学习方面预期达到的相应水平。体育课程水平目标目的是在一定的阶段内，更好地加大教材内容的弹性，以满足学生、学校的不同特点、条件及实际需要。新中国成立以来我国传统体育教学大纲中对学段的划分基本上采用的是小学、初中、高中、大学四段法。新的课程标准则把小学阶段进一步划分为三个水平：水平一（一年级至二年级）、水平二（三年级至四年级）、水平三（五年级至六年级）。每个水平规定了相应的教学目标，其他学段的学生也可以将高一级水平目标作为本阶段学习的发展性学习目标。

体育教学目标。尽管学科领域的课程目标有细化和可操作性的趋势，但仍然是总体性的或阶段性的一般目标作为一期的某一教学单元以至某一节体育课，通常称为单元或课的教学目标。体育教学目标实际上是体育课程目标的延伸，包含在体育课程目标体系之中，是体育课程目标体系中不可缺少的重要组成部分。这一层次的目标通常分析到操作化的程度，往往与具体的情境联系在一起，对体现较抽象的课程目标的结果给予明确的界定。体

育教学目标由学年（学期）体育教学目标、单元体育教学目标、课时体育教学目标构成其基本结构。

2. 体育课程目标的横向关系

课程目标的横向关系实质反映了各种目标的区分及其相互关系。像教育目标这一层次上，我国通常用德、智、体或德、智、体、美、劳来划分目标领域。无论怎样划分目标领域，各领域对总的目标来说都应当具备逻辑上的合理性，它们彼此之间在相互关系上虽然可能是并列和平行的，但它们之间必须是一个相互联系的整体。

3. 体育教学目标的层次

学年体育教学目标、单元体育教学目标、课时体育教学目标建构了体育教学目标体系的纵向系列。上位目标与下位目标相互呼应、彼此衔接，在体育教学活动中引导着学生的发展方向。

（1）学年体育教学目标

学年体育教学目标是根据学段体育教学目标确定的，是对该学段内每个学年体育教学活动的分解与不同要求。学年（学期）体育教学目标，在性质上属于计划性的，通常根据体育课程的总目标和水平目标的要求、各个学校的实际、学生的兴趣与爱好及体育课程内容的特点等来制订，一般出现在学校的体育教学计划中。

（2）单元体育教学目标

单元是指各门课程教学中相对完整的划分单位，反映着课程编制者或教师对一门课程及其概念体系结构的总的看法。单元体育教学目标就是依据年级体育教学目标和学期教学的分配计划。单元体育教学目标，主要依托各个体育课程内容，如某个运动项目的特性来制订，即不同体育课程内容的不同价值、功能、特点等，决定了其教学目标也是不同的。

（3）课时体育教学目标

也称为体育课堂教学目标，在性质上属于操作性的，是最微观层面的体育教学目标。课时体育教学目标，是由每堂体育课具体的教学内容以及学生具体的学习特点和需要所决定的，同时还要考虑一堂体育课的具体教学时空情境和条件（或具体的体育教学环境）等因素，其体现在体育教师的教案中。体育教学目标是一所学校在确定体育课程实施方案并制订单元为基础的全年教学计划以后，由任课教师制订的，是教师制订学段体育教学目标、学年（学期）体育教学计划、单元计划和课时计划的根据。其实一堂课是最基本的教学单位，却不一定是一个完整的基本教学单位，因为一堂课不能把一个教学系列完整地教给学生，有时只完成其中一部分。现代教学理论对学生的认知性学习在体育教学中越来越被重视，而作为认知性学习基础的发现式学习法或假说验证式学习法都是一个较长的学习过程。

因此，我们认为单元教学的改革是现阶段我国体育教学改革的重要突破之一，在改革的新形势下我们应当更为重视单元教学计划的构建和单元教学目标的制定。

（二）体育课程目标的制定

1. 体育教学目标制定的依据

学校体育的功能影响着体育教学目标维度的确定、体育教学目标的制定。应突出其增强体质、促进身心健康、发展体能的本质功能。随着对学校体育多项功能的挖掘，教学目标的维度也将趋向多元化。学校体育目标体现了我国的教育、体育有关方针和政策的根本精神，是制定体育教学目标的重要依据。每一上位目标都是其下位各层次目标的累积，每一下位目标必是其上位目标的细化，因此，制定教学目标时，应以其上位目标，包括学校体育目标为依据。体育教学目标的制定必须立足于对教学内容的认真分析，确定教学的重点和难点为建立体育教学目标奠定基础。体育教学的对象是学生、体育教育目标必须根据青少年生长发育的不同阶段、不同时期身心发展的特点及其规律提出相应的目标。需要说明的是，目标的制定在考虑学生群体的特征时，还应充分考虑学生个体的差异性，使每个学生得到充分发展。教学条件是制约体育教学目标实现的重要因素。当前，各级各类的学校、城市与乡镇的学校，甚至同一地区的不同学校，条件都千差万别，发展不平衡。制定体育教学目标时，必须从实际出发充分考虑学校的客观条件以便使所设计的目标更符合实际，更具有可行性。

2. 体育教学目标制定的原则

体育教学目标是由若干个具体目标组成的完整系统、各层次目标之间构成一个有机的网络、它们纵横有序。这样纵横连贯地制定体育教学目标，才能保证体育教学的终极目标及其教育目的的实现和学校体育目的要求。体育教学目标的科学性体现在：要体现体育学科的特点；要全面，即包括各个学习领域；要根据教材的特点，突出重点和难点；具体、明确、可操作；难度要适中等五个方面。体育教学目标可以由师生根据体育教学实际情况灵活制订，其内容和水平可以有一定的弹性。灵活性的体育教学目标可以更好地适应学生的学习特点，使其通过体育教学目标的实现而获得身心方面更有利的发展。可测性原则。体育教学目标是对体育教学过程中学生身心发展状况的明确、具体、恰当的描述，而这种内心发展的状态是利用现有技术手段可以进行定性或定量测量的。发展性原则。体育教学的效果最终要落实并体现到学生的身上。体育教学目标的制定，要着眼于学生现有的发展水平和学习需要，获得健康完满的生活，并有能力从事终身体育。

3. 体育教学目标制定的要求

要反映体育教学的发展趋势,从实际出发,考虑需要与可能。制定体育教学目标要从实际出发。全面准确地掌握学校体育教学内部与外部条件及环境,将需要与可能结合起来,才能制定出科学的体育教学目标。制定体育教学目标时要系统把握,整体协调与衔接。体育教学目标应具有整体性,注意不同层次和序列体育教学目标的协调与衔接。体育教学目标只有形成一个纵横连接的网络系统,才能充分发挥体育教学目标的系统功能。制定体育教学目标时,体育教学目标的表述要明确、具体、尽可能量化。体育教学目标明确、具体、可量化,有利于加强体育教学工作的计划性,为体育教学实施,特别是检查与评价体育教学工作奠定基础。体育教学目标必须分解成细致的操作目标,才可使教学目标的要求落到实处。所以,体育教学目标的细目分解直接关系到体育教学效果的优化和体育教学质量的提高,每个体育教师都应该具备细目分解的能力。体育教学目标要有一定的弹性。体育教学目标受多种因素的影响制约,而诸多因素都在不断变化,保持体育教学目标的稳定性是相对的,而体育教学目标的发展、变化是绝对的。

第三节 高校体育教学价值观与目标思考

一、高校体育教学价值观概述

(一)关于体育价值观的基本认识

体育价值观表现在对体育总体价值的认识。有人认为身体运动是下等人的活动,我国汉代就曾主张文武分治、文武分途。近现代对体育价值的认识已逐渐趋于一致,随着时代的发展、社会的进步,当代体育的价值观已由逐步表现出统一性,分歧转移到了对体育价值的具体选择上。

它的发展历程与体育功能的扩展和对体育价值的认识的逐步深化总是紧密联系在一起的。从心理学的角度考察,人的所有行为的产生都有其心理依据,而需要是诱发动机和产生行为的动因。人们为了改善生存和生活条件,就必须传授和提高这些技能,这时体育的价值就开始显现出来,由此可见,体育的产生与体育的价值是密切相关的。

社会化程度的提高扩充了体育的价值。随着历史的进步、社会化程度的提高,人们的需要逐渐从低层次向中等层次发展。在满足这些需要的过程中,体育始终扮演着非常积极的角色，展现了它特有的价值。

社会文明程度的提高，使体育价值得到了更充分的体现。当人类进入现代社会后，随着社会文明程度的提高，人们在工作中减少了身体活动，体力劳动强度降低，脑力劳动强度提高，许多"文明病"应运而生。为了适应社会的竞争，提高生活质量，人们的体能需要保持，绷紧的神经需要松弛，所有这一切都可以借助体育得到解决。

两种体育价值观的比较：体育的变革在很大程度上都是体育价值取向的调整。这两种价值观都承认以体育动作为手段，可以实现体育的直接目标和间接目标。它们的主要分歧是：价值取向侧重于社会目标，还是满足行为主体的需要。

手段论价值观和目的论价值观的价值取向。手段论价值观认为：运动的目的是以运动为手段来培养社会所需要的人才，体育教学必须根据国家提出教学目标的需要来确定教学内容和设计体育方法体系，其价值取向的重点是因国家需要而规定的社会目标。目的论体育观认为：运动的目的在于运动自身和以运动为手段，使作为运动主体的人得到满足。因此，在教学中就必须根据学生的需要提出教学目标，确定教学内容和设计体育方法体系，使教学手段与教学目标相一致，教学目标与主体需求相统一，这与当前教育界提倡的素质教育思想是吻合的。

手段论价值观和目的论价值观基本内涵的比较。手段论价值观和目的论价值观的主要分歧在价值的取向上，其焦点是在于侧重满足社会需要，还是满足作为行为主体的学生的需要。在行为主体的地位上，两种价值观也有所不同。目的论价值观认为：学生是体育教学活动的行为主体，教学活动要以满足学生的需求为目的。

在个体的发展方向上，两种价值观存在着类似于科学主义教育思想和人文主义教育思想的差别。手段论体育观关注的是运动技能的掌握和合理的运动负荷的影响。而目的论价值观恰恰涵盖了手段论价值观所忽略的范畴，不反对掌握适宜的运动技术、技能和承受合理的运动负荷。

在教学内容的选择上，手段论价值观强调的是体育内容自身的逻辑关系，奉行按部就班，讲究全面系统、整齐划一。目的论价值观在教学内容体系的构建上，主要是从学生的学习需求出发，根据学生实际和教学目标选择教学内容。

在课程结构上，因为手段论价值观追求运动技术的掌握和技能的形成，强调合理的运动负荷，所以课程结构比较固定，组成课程的各个部分比较规范。而目的论价值观在学生掌握知识技能的基础上，重视态度和情意的培养。

体育价值观的选择。体育作为教育的一个组成部分，它的价值观的选择要受到教育思想的指导和约束。根据素质教育的内涵，在体育教学要求上，我们应该如何做呢？①要面向全体学生，使所有的学生的健康水平都能够得到提高、身心素质得到发展。②突出全面性。③突出主体性。给学生更大的活动空间，使之在兴趣爱好的培养、人格的完善、特长的发展等方面拥有充分的主动性，真正发挥他们的主体作用。④要突出发展性。奠定身心健康发展的基础，形成终身体育的能力。

从素质教育对体育的要求，我们不难看出，目的论价值观与素质论教育观更为吻合，这是我们今后学校体育的正确方向。

（二）体育教学的基本价值内涵

1. 从知识形态的转化来看体育教学的基本价值

通过教学活动使学生获得了他人总结的知识，这是古今中外一切教学活动的共同特征，也是实现其他教学价值的基础。这些需要教师根据学生的实际去挖掘、剖析，使之进一步升华。

2. 从教学的功能看体育教学的基本价值

体育教学的功能主要体现在两个方面：一是继承的功能。二是有效地促进学生身心的发展，具有发展功能。所谓一般发展，就是不仅发展学生的智力，而且发展情感、意志品质、性格和集体主义思想。从教学的功能来看，体育教学的基本价值在于使学生获得知识、发展能力、形成良好的品格结构和掌握科学有效的方法。

3. 从素质的构成看体育教学的基本价值

构建学生相对完备的素质结构，是教学活动最根本的价值。有人把人才素质归结为德、识、才、学、体五个方面。其实，上述方面都不是孤立存在的，它们相互之间有着互相渗透甚至互相包容的关系，有些甚至互为条件，它们组成的基本因素归根结底还是知识、能力、品格和方法几个方面。体育教学作为一个发展身体，增强体质，传授锻炼身体的知识、技能、技术，培养道德和意志品质的教育过程，它在学生素质构建中除了具有其他教学活动共有的功能外，还为学生科学锻炼身体提供理论和方法的指导，使其增强体质、提高健康水平是其他学科所不能替代的。因此，体育教学对于学生素质的构建的价值也是非常重要的。

（三）现代体育教学价值的形成特点

体育教学能对人的生存、生活、发展和社会进步产生积极的影响，这是体育教学的价值所在，这些因素互相联系、互为条件，在体育教学过程中转化为过程价值，在教学结束后凝结成终极价值，从而使体育教学的价值得到完整的体现。

1. 体育教学价值的形成规律及内部关系

体育教学价值的形成规律实质上就是体育教学活动的规律，即体育教学过程中内在的本质联系。在这个过程中，学习必要的体育知识，树立正确的体育态度是形成教学价值的基础，它是通过认知来实现的。具备基本的体育能力是形成教学价值的重点，它是终身体育的基本条件，它的实现过程是一个有目的、有计划的培养过程，能力价值的实现有利于学生有效地进行自我锻炼，以促进身心的不断完善。体育教学的另一个重要价值是道德品质的养成和情意的发展，它的实现是一个潜移默化的过程。思想品德的养成和情意的发展，有助于前几项价值的实现，也有利于健康心理的形成。它们之间既有联系，又各有侧重，它们有机地协同和复合，才能促进体育教学价值的完整实现。

2. 体育教学价值的形成过程与特征

从体育教学的特点来看，体育教学的价值可以分为过程价值和终极价值。过程价值以终极价值为指导，而终极价值则是过程价值的集中表现。

体育教学的过程价值的形成。体育知识是一种复合形态的知识，许多体育知识的获得，必须通过感性的体验来予以验证和强化，因此，体育知识价值的实现依赖于讲授和实践的紧密配合。方法价值具有手段的特征，从体育教学价值实现的主体学生的角度来看，它主要侧重于学习方法和身体锻炼方法。学法是在教师的指导下，由学生根据主体需要、主体特征、主体认知特点去认识事物的途径。思想品德价值是体育教学的重要价值之一，它与其他各科教学具有共同的价值取向，都是为了个体的社会化提供明确的指导。品质的形成需要主体认识、情感意志和行为三个方面的协同发展。综上所述，体育教学的过程价值是体育知识的认知、体育能力的培养、体育方法的训练和良好品质的养成。

体育教学的终极价值的实现。体育教学的终极价值是通过体育教学的过程价值的升华而实现的，它主要体现为掌握体育知识技能，树立终身体育观念，为终身体育打好基础，完善人格个性，发展身心素质，提高健康水平，能与社会所需人才的相关素质结构相适应。因此，教师必须树立正确的体育教学思想和终极价值观念，并采用合理的教学设计，把价值观念融合在教学指导思想的教学行为之中，通过教学过程价值的形成，最终凝结成终极价值，以满足自身和社会发展的需要。

体育教学过程是一个体育教学价值凝结的过程，也是一个人才的相关素质形成的过程。体育教学最高的价值就在于共建良好的人才素质结构，这是体育教学最根本的价值观。这既是一个促进学生身心发展、提高健康水平、满足学生和社会需要的过程，也是一个为学生和社会的进一步发展奠定基础的过程，因此，体育教学的价值也在促进学生身心发展方面具有双向促进作用。

二、高校体育教学目标的结构与制定

（一）高校体育教学目标的结构

1. 体育教学目标与体育学科功能、价值的关系

（1）体育学科的多功能

功能取决于事物的性质和特点，同理，体育学科的功能来自体育学科自身所具有的性质和特点。

（2）体育学科的价值

体育学科具有多样的功能和特征，使得体育学科具有了多方面价值取向。虽然体育学科的功能是相对稳定的，但在不同的历史背景下和不同的国度中，体育学科的各个功能被不同程度地加以利用，体育学科被赋予各种各样的价值，此时，体育学科有些功能可能被忽视，这方面的价值也难以实现。

当然，人们在注重追求某种体育功能并努力实现某种体育价值时，也并不是绝对单一的，在多数情况下，人们是同时追求几种体育的功能，只不过是更注重、更强调某个功能而已。

（3）体育教学的目标

不同时代的体育教育都有着独特的目标体系，这些目标是当时的社会对体育价值取向的具体化，也是对体育功能及重要性的认识。所以，无论是哪种体育形态，其体育教学的目标通常都不是一个，一般说来，从体育教学的第一目标的设定就可以大致看出该体育形态的价值取向，当然目标顺序与价值取向不完全吻合的例外也有。

2. 体育教学目标、体育学科的功能及价值之间的关系

功能是一个事物固有的、客观的属性；而价值是外赋的、主观的属性；目标则是根据功能进行价值取向后的行为效果指向。功能是事物固有的和客观的属性，而价值是外赋的和主观的属性，也就是说，一个事物即使具有这个功能，而人们如果没有看上这个功能，也不会把这个功能的实现作为目标；相反，一个事物不具有这个功能，即使人们非常希望通过这个事物实现这个功能，也是无济于事的。体育学科的功能不会有大的改变，但不同的社会和不同的历史阶段会有不同的体育价值取向，因此体育教学的目标会随着社会的变化与发展产生相应的变化。

3. 体育教学目标的外部特征

体育教学目标的外部特征是：属于体育教学目标内容以外的，但对体育教学目标内容具有规定性的那些特点及其标志。首先，体育教学目标是由多个层次的目标组成。我们可

以把"目标的功能与特性"理解为"目标的定位"或"目标的个性"。各层体育教学目标有着各自要解决的问题，因此各层的目标就有自己独自的"着眼点"，就是"围绕着什么来看目标"和"围绕着什么来写目标"的视角。学段体育教学目标面临许多的运动教材，因此不可能围绕某一个运动技能来写。单元体育教学目标是学段目标的下位目标，它也不可能围绕学段的发展来写目标，而它面临最清晰的对象是"在这个单元中，利用这个运动教材应该发展学生什么，能发展学生什么"。

4. 合理制定体育教学目标的意义

合理制定体育教学目标的意义主要体现在以下几个方面：①充分发挥体育学科教学的功能。只有合理地制定了体育教学目标，才能明确要实现哪些体育教学的功能。如果乱定体育教学目标就不能充分发挥体育教学的功能，使目标偏离了体育教学的基本功能，因此也就无法发挥好体育教学的主要功能，使得体育教学的质量大为下降。②保障实现体育的教学目的。只有合理地制定了体育教学目标，才能稳妥地实现体育教学的目的。如使学生的体格强健是健身目的的标志；使学生每个单元每节课都能愉悦身心是促进学生运动参与的标志等等，体育教学目标是体育教学目的实现的标志。③确保层层目标衔接，最终实现总目标。如果错定了阶段体育教学目标，就使得阶段体育教学目标的总和不能等于总的体育教学目标，那么就意味着总的教学目标没有完成。正确地制定好各个层次的教学目标，是最终实现总目标的可靠保证。④明确和落实体育的教学任务。体育教学目标决定着具体的体育教学任务。因此，要有具体的体育教学任务来支撑目标的实现。好的目标有助于明确教学任务，体育教学目标是"的"，体育教学任务是"矢"，有了明确的目标，教学的任务才能"有的放矢"。⑤指引、激励教师的教与学生的学目标反映了人的愿望和努力方向。虽然体育教学目标并不完全是由任课教师和上课学生群体制订的，但合理的体育教学目标必定充分反映着教师的努力方向和学生的学习愿望。有一套科学合理的体育教学目标必定可以指引教师的工作，必定可以激励学生学习。

体育教学目标为教师指明了体育教学工作的预期成果，使他们清楚地知道自己工作的努力方向。在体育教学目标实现的过程中还会使教师受到鼓舞，实现过程中的困难也会促使教师去发现和解决问题，所以明确、具体而切实可行的教学目标，可以指引教师努力地工作。学习目标的不断实现会使学生受到鼓舞，实现过程中的困难也会使学生受到鞭策，明确、具体而切实可行的教学目标可以激励学生努力地学习。

（二）高校体育教学目标的创新发展

1. 中国体育教学目标系统的发展

多年来，可以说中国一直只有比较笼统的、指令性的"体育教学目的"，衡量体育教学质量也一直是依据《体育教学大纲》的要求进行的，各学段和各年级的教学任务也分不出阶段的层次。因此 21 世纪以前的《体育教学大纲》以及《普通高等学校体育课程教学指导纲要》等教学文件中的目的和任务对体育教学的指导意义不强。归纳过去的体育教学目标系统的问题主要表现在以下几方面：①体育教学目的的表述不明确。②技能掌握和身体锻炼的教学任务不甚清楚。③各级学校的体育教学目的和任务之间的衔接不好，明显存在着体育教学目标的区分度不高的问题。④各级各类学校的体育教学目的和任务的重点不明确和缺乏特色。

中国体育教学目标系统发展始终面临的另一个问题就是怎样完成社会对体育教学的期待和要求。今年来，中国体育教学目标系统基本上反映出中国社会发展和学生个人发展对体育的要求。如何不断将时代对教育和体育的内在要求包容在体育教育目标中，是中国体育教学目标系统亟待研究的课题。

2. 中国体育教学目标系统的完善

体育教学体系涉及了体能、知识、技能、兴趣、爱好、习惯、心理、交往合作、生活方式、生活态度等诸多方面的教育目标，并将各个教育目标分为五个领域，分出层次。中国新一轮的体育课程和教学改革，为重新思考和建立中国体育教学目标系统提出了要求并开辟了道路。新课标的目标方案中必然地存在一些不足，也面临着新的课题。

科学的体育教学目标系统的确立，必须遵循体育和教育的自身规律，要以"体"为对象，以"育"为目的，以身体锻炼为特征。符合体育的特质和内在价值规律的体育教学目标系统，才会有助于形成对人产生价值和教育影响的体育教学，才能体现体育文化与教育的完美结合。可以预见，有关中国体育教学目标系统的研究必将随着新的体育教学改革，随着体育教学基础理论的不断完善而更加深入。教学目标朝着更具时代特征，更反映社会要求、更体现目标特点、更能指导教学实践的方向发展，是未来中国学校体育教学目标系统不断努力的方向。

第四节 高校体育教学内容结构体系的构建

一、高校体育教学内容体系构建

体育教学内容是体育教学大纲规定的学习范围。我国体育教学内容包含理论和实践两部分。教材是一个知识技能体系，是联系教师和学生的中介，是学生主要的知识来源，也是学生身心发展的基础。整个教学内容体系应该有一个合理的结构，这个结构要贴近社会和生活，符合学生的身心发展特点。因此，研究教学内容结构体系建立的理论，探讨体育教材选择的依据，对提高体育教学效果是十分必要的。

（一）体育教学内容的结构特征

体育教学内容的结构是指体育教学中特定的内容之间的分工配合。它必须既能满足社会的需要，又能满足作为教学主体的学生的需要。换句话说，就是学生对能满足自己需要的教学内容才能产生兴趣。因此，教学内容的优化组合是体育教学内容结构中的关键，而社会需要是社会对教育目标的要求。社会需要和学生主体需要具有统一性，但它们在满足的层次上、时间顺序上是不一致的，我们必须把握体育教学内容结构的基本特征。

1. 体育教学内容结构的目的性

体育教学内容结构具有明显的主观目的性：当客观的需要和主观目的相一致时，所建立的体育教学内容结构才是合理的。首先，在不同的学习阶段，学生对体育教学内容的需要是不一致的。其次，体育教学的内容结构要有利于学生形成合理的认识结构、技术技能结构、能力结构和体育方法结构。例如在小学阶段，由于体育教学的目标主要是提起学生对体育的兴趣，发展他们的基本活动能力，培养自尊心和自信心，进行团队精神的熏陶。让他们在学习过程中去感受体育的乐趣，在集体练习中培养协作精神，在完成练习中树立自信。进入中学以后，体育教学目标提高了，侧重点有所改变，这时的教学内容结构就需要相应地进行调整。

2. 体育教学内容结构的联系性

体育知识和运动技能的种类是极其丰富的，任何体育教学内容结构都只能包含其中的一部分。通过这些内容的教学，可以有效地扩大知识范围，打下良好的体育运动技术技能基础并建立良好的能力结构，为学生进一步的发展创造条件。体育教学内容结构的联系性表现在以下方面：

（1）具有横向特点的广泛性

身心的发展要求是全方位的，既包括保健、营养、卫生、锻炼原理、竞赛规则等基本知识，又包括促进身体发展的各种运动技术技能和练习方法。

（2）具有纵向特点的复合性

体育教学内容要随着学习的进行逐步深化，这是教学的基本规律。但是体育教学目标是多元化的，它的实现依赖于多种教学内容的综合效应。复合性和广泛性的结合，可以提高体育教学内容结构的全面性和协同性，教学内容的广博性和教学内容之间的联系性对于学生创造性的发展也是非常有利的。

3. 体育教学内容结构的相容性

体育教学内容结构的相容性表现在体育教学内容内部结构相互渗透、彼此贯通。作为一个知识结构，体育教学内容结构应该是纵向联系、横向相关的，这种结构内部互相关联的特性，必然要求不同的内容之间彼此相容。体育教学内容结构的相容性使教学内容的选择具有灵活性，体育知识技能具有更强的综合性。

4. 体育教学内容结构的动态性

体育教学内容结构要跟上体育科学的发展步伐，符合社会发展的需要，就必须具有动态性。这些新的知识必然要及时在体育内容结构中反映出来。社会对人才素质的要求是不断变化的，例如，现代社会的快节奏、高竞争性的特点，对人才的竞争力、创造力和良好的心理素质有了更高的要求。因此，体育内容结构总是处在一个动态的变化之中。

5. 体育教学内容结构的实践性

体育教学内容以实践为主，这是体育的本质属性所决定的。活动性内容应以在实践过程中对身心健康水平的良性影响为依据，换句话说，就是要考虑它对体育教学目标的贡献。使之既能产生教学内容体制改革具有的个别优势，又能形成多种内容结合而成的结构优势。

（二）体育教学内容选择的原则

体育教学内容非常丰富，而真正作为教学内容的，仅仅是其中的一部分。我们应该遵循以下原则：

1. 实践性和知识性相结合的原则

实践性和知识性相结合是由体育的本质属性所决定的。通过实践，要使身体的大肌肉群得到活动，各内脏器官系统得到锻炼，同时体验到体育的乐趣，这些都是以体育教学内容作为媒介来实现的。知识性主要体现在为什么做、怎么做和为什么要这样做上，这固然要通过基础理论内容来讲授，但更多的是在实践中体验、理解，通过运用来强化。体育教学内容发挥的作用就是将实践与知识连接起来。

2. 健身性和文化性相结合的原则

健身性是体育教学区别于其他教学的显著特点。文化是人类认识世界、改造世界和适应环境的产物。健身性和文化性相结合，就是体育教学内容既具有良好的健身价值，又具有丰富的体育文化内涵。

3. 民族性和世界性相结合

体育的形式和内容总是与一些国家或地区的民族文化传统和民族习俗有关的。例如，我国的武术、日本的柔道、希腊的马拉松、欧洲的击剑等，无不具有鲜明的民族色彩。体育教学内容仅强调民族性是不够的，任何民族，无论多么优秀，在发展过程中总会受到来自方方面面、形形色色因素的约束，总会具有一定的片面性。因此，体育教学内容必须体现出民族性和世界性相结合，既要保留优秀的民族体育内容，又要充分吸取来自世界各民族的优秀体育内容，将它们融合在一起，使之形成一个优势互补、功能齐全的体育教学内容体系。

4. 继承性和发展性相结合

继承优秀的传统文化是教学的重要功能。体育教学内容的选择无疑是要吸收我国历史悠久的传统体育内容，这就是体育教学内容的继承性特点。文化的继承是有选择的、批判性的，对于传统体育内容，我们在有选择继承的基础上进一步丰富其内涵，在保留其原有特点和精华的前提下剔除那些不健康的东西，使其更具有时代气息，这就是体育的发展性特点。

5. 统一性和灵活性相结合

体育教学内容要面向全体学生，它必须有基本的要求，有一个相对统一的标准，使体育教学有一个较为规范的目标。我国地域辽阔，各个地区的条件不一致、发展不平衡，教学的相关基础不在同一起点。即使是处于同一个教学阶段的学生，都会表现出明显的不同特点，因此，教学内容必须根据教学条件和学生特点，兼顾统一性和灵活性，才能有利于促进学生身心全面发展。

二、教学内容的特性发展与变革

（一）体育教学内容的特性

1. 体育教学内容与教育内容的共性

由于体育教学内容是教育内容的一个有机部分，因此，它首先具有与教育内容共有的特点，这些特点是：

①教育性。体育教学内容的教育性体现在：对学生的身心发展有好处；摒弃了落后的东西如伤害性搏斗等；既有冒险性又比较安全；适合于大多数学生；避免过于功利性等五方面的原因。

②科学性。由于体育教学内容是在学校进行的有目的有计划的系统的教学内容，因此，需具有很强的科学性。体育教学内容的科学性主要体现在：具有丰富内涵，是人类文化和科学的结晶；科学和文化含量高；内容的编制和教学遵循有关教学内容编制。

③系统性。体育教学内容的系统性表现在：体育教学内容本身的系统性，以及根据教育的目标、学生不同年龄阶段的生长发育特点、教学环境和教学条件，认识体育教学内容的内在规律性特点，逻辑地安排各个学校、各个年级的教学内容，并处理好它们之间的相互关系。

2. 体育教学内容的特性

体育教学内容除了在上述三点与其他教育内容具有共性外，还具有它的特性。体育教学内容的特性有：

①运动实践性。运动实践性是体育教学内容的最突出的一个特点。体育教学内容与体

育实践活动密切相连，受教育者本人必须在从事这种以大肌肉群运动为特点的运动时才可能真正学好这些内容。当然体育教学内容中也有知识和道德培养的内容，但是体育内容中的知识学习和道德培养，也必须是通过运动学习和实践体验，这一点与其他学科的教育内容形成鲜明的对比。

②娱乐性。体育教学内容来自各种身体活动，而这些身体活动的绝大部分又是来自人的娱乐性运动，所以体育教学内容自然内含着运动的乐趣和娱乐性。体育教学的效果也受到体育教学内容娱乐性的影响，这也是体育教学内容与其他文化课内容的重要区别。

③健身性。由于体育教学内容中的很大一部分是以大肌肉群的运动为形式的技能学习与练习，体育教学内容的学习就必然会对身体形成一定的运动负荷，参加体育教学内容的学习和练习时，都会对身体产生锻炼的作用。针对这样的情况，在教学实践中有很多追求体育教学内容健身性的努力，如在编制体育教学内容时根据受教育者不同的身心特点将这些健身作用进行科学化的设计和控制、在教学过程中对运动负荷大小进行合理安排等，可以说，体育教学内容的健身性特点是其他教育内容所不具备的。

④人际交流的开放性。由于体育教学内容多是以集体活动的形式来进行的运动的学习和竞赛，而运动是以位置的变动方式来进行的，因此体育教学内容与其他教育内容相比具有更明显的人际交流的开放性。体育教学内容以这种人际交流的开放性为基础，使得体育教育内容的学习过程中的师生、生生之间的关系更加密切、开放。体育学习中的各种角色变化远远多于其他学科的学习。

⑤空间的约定性。体育教学内容还有一个"空间约定性"的特点。这是因为有很多运动是在固定的场地上进行的，甚至是以场地来命名的。体育教学内容的空间制约性，使得体育教学内容对场地器材具有很大的依赖性，使得场地、器材、规则本身也成为体育教学内容的重要组成部分。

（二）体育教学内容的发展与变革

1. 体育教学内容的变迁与改革的课题

体育教学内容有以下的变化趋势：首先，随着现代竞技体育运动的兴起和普及，正规的竞技体育运动正逐渐代替乡土性的体育教学内容；其次，体育教学内容的数量在减少，但难度有所增加；再次，体育教学内容中的娱乐因素逐渐减少；最后，体育教学内容所需要的运动器材越来越正规化。

上述这些变化，使得体育教学内容出现了单调、锻炼性强、要求教学规范化和场地器材条件高的趋势。由此而形成体育教学内容改革与发展的课题是：①改变体育教学内容趋于平时的锻炼和达标相统一的趋势；②解决体育教学内容与学生社会体育活动之间的差距；③要解决学生因体育教学内容缺乏娱乐因素而不喜欢体育课的问题；④要解决与体育教学内容难度有关联的问题;⑤要解决乡土教学内容的开发不足和体育教学内容民族化的问题。

2. 体育教学内容改革的方向

从上面的分析可以看出:现在体育教学内容的改革已是体育教学改革的一个最重要的方面,也是当务之急。今后体育教学内容的改进应有以下几个方面:第一,以学生为本;第二,教学内容弹性更大;第三,明显淡化了竞技技术体系;第四,教学内容更加概括,给教师和学生留出广阔的空间;第五,基本体操删去了大部分体育教学中不常使用的队形和队形变化的内容;第六,增加女生喜爱的韵律体操和舞蹈内容。在过去的体育教学中,体育锻炼的手段和方法限制得比较死,我们选择了一些锻炼手段,让所有的学生都围绕规定的手段进行锻炼。现在的内容设置更多地考虑以学生为主体,进行了弹性的设计。当然,由于场地设施、师资等条件的限制,目前还不可能做到适应每一个学生的需要。"放开"是可供选择,给一个"菜单"进行选择,但菜单再大,也有一个基本范围。

关于预测未来的体育教学内容改革:体育教学内容会更加多样,学生和教师选择体育教学内容的权限更宽,教学内容总体丰富多彩。

3. 体育课程与教材的选用

课程问题是任何一种学校教育的核心问题。这是因为课程集中体现了教育的要求,具体反映了教学内容,而且还是教育质量评估、教学水平评价的重要依据之一。仅从一个角度去评价体育课程,选择体育教材显然是不可取的。我们还应该看到,教材有一个合理的排列组合问题,即纵向组织原则和横向组织原则。教材的选择具有多样性。这种多样性不仅来自学生身心需要的多样性,也来自身体练习的多样性,那种"唯一"或"最好"是不存在的。而且体育对于健康教育内容的科学性、灵活性和多样性,给了体育教师在选用教材时更多的自主权、更大的余地。教材要多样化和具有开放性,要突出重点,不求面面俱到。处理好各水平阶段的纵向衔接与其他学科的横向联系,避免重复,同时注意在继承优秀传统体育文化的基础上吸收现代体育文化。体育教材应突出如下特点:体育与健康教材应突出健身性。健身性是体育的本质属性。体育教材的选择要突出健身性,表现在以下几个方面:①要考虑教材的健身价值不同,其练习的效果往往是不一样的,同样的教材对不同的对象在效果上也会不同。但是在实际运用中,它对高中生锻炼效果较好,但对小学生却不一定好。因此,教材的选用要根据特定对象进行。②要考虑教材对心理的影响。选用的教材要有利于培养学生顽强的意志、健康的个性和积极向上的心理品质。③要考虑教材的优化功能。一般情况下,只要合理运用,体育教材都有健身的作用。运用时要争取优选出最具健身效果的教材。有两层含义:其一,要注意教材本身的健康价值;其二,要注意教材搭配所产生的最佳效果。

体育与健康教材要注意文化性。体育是人类所特有的一种社会活动,它具有继承性、民族性、时代性、世界性等文化特征。注意教材的文化性也就是要考虑体育教材的文化特征，即要注意对优秀传统教材的继承，使教材体系更具有时代气息、更加完整；使学生能形成正确的体育价值观念、良好的体育道德和符合时代要求的体育行为规范，实现身心的健康发展。

体育与健康教材要增强娱乐性。体育教学的主要目标是树立终身体育意识和形成终身体育能力。第一，体育教材的娱乐性是引起学生体育兴趣的重要因素。第二，体育教材的娱乐性有利于学生体验到体育运动的乐趣，领略到体育魅力。第三，通过参加具有娱乐性的体育运动，能使学生精神愉悦，有利于缓冲学生的紧张情绪，更好地提高学习效果。

体育与健康教材要具有典型性。体育教学的内容非常丰富，教材不但类别多，同类教材项目也多。因此，我们选择的体育教材应具有典型性。典型性表现在以下三个方面：①在能满足达成同一教学目标的各类教材中，选择最有代表性的教材。②在达成同一目标的同类教材中，要选择最具代表性的教材。③选用的教材在同类教材中，在技术结构或身心发展上具有代表意义。体育教材是学生学习体育知识、提高健康水平、培养终身体育意识和能力的载体。体育教材的实用性表现在以下几个方面：①体育教材对于激发学生的体育兴趣、掌握体育知识、培养体育能力、体育方法的训练和身心发展有积极的促进作用。②选用的教材在教学中要有适宜的教学条件做保证。使他们乐意将教材内容作为终身锻炼的手段，为其树立终身体育意识和培养终身体育能力奠定良好的基础。③选用的教材对于体育教学目标的实现有较高的价值。

体育教材要体现时代性。体育是一种社会活动，它是随着人类社会的发展而发展的。以现代奥运会为标志的竞技体育，每四年都要展示一些新的项目就是证明。

第二章 高校体育教学理念与创新

第一节 "以人为本"教学理念

一、"以人为本"教学理念概述

(一)"以人为本"的基本内涵

"以人为本"思想在古今中外均有所提及,只是一直到近现代才发展成为一个系统的思想,在教育教学领域成为一个固定的名词。

自19世纪初人本主义思想引起了社会家和思想家的重视,并不断有思想家提出新的"人本"观点,对"人本主义"学说进行丰富。

在人本主义思想的不断丰富与广泛影响下,西方教学思想在教育领域引起了对教学目的、任务、过程设计等的讨论与变革,促进了现代体育教育的发展。

在我国体育教育教学领域,"以人为本"教学理念指出,教育应落实到"育人"和"促进人发展"上面,这对我国传统体育过度重视竞技体育成绩取得、用体能训练和技能训练代替体育教学、体育教学重视竞技体育人才培养和为竞技体育运动发展服务等错误的教学思想进行了否定。

新时期的体育教育坚持"以人为本"教学理念,教育的出发点、中心以及最终归宿都是"人",教育的目的是"人的发展",教育以人为基础和根本。"以人为本"的发展观要求在教育过程中将人的自由、幸福、和谐全面发展以及终极价值实现重视起来,要求体育教育突破机器的教育模式,真正转变为人的教育。教育是人的自我实现、自我理解以及自我确认的过程。而不是用金钱标准衡量现代人的自我价值和自我尊严,新时期,将"以人为本"的基本发展理念融入体育教育,是人类社会协调和可持续发展的基本要求和重要内容。21世纪的竞争的根本是人才之间的竞争,而人才的培养是依靠教育来实现的,新时期,各级学校贯彻落实科学发展观,坚持"以人为本",是学校体育教学发展的必然趋势与必然要求。

(二)"以人为本"的理论基础

进入20世纪后,随着科学技术的快速发展,科学主义成为当代教育发展的主流。20世纪50年代的教育改革中,各种教学思想、教学观点层出不穷,其中,认知心理学和行为主义对人性的认识分析带来困惑,教育工具化,接受教育、获取知识的兴趣的快乐体验无法得到重视,教育单纯成为人们获得更高技能与认可的一个途径。

也正是在科学技术不断发展的影响下,人类社会的生产生活方式和模式发生了很大的变化,科学改变生活,对人们启发很大,人们依赖科技,也会越来越受制于科技。因此在教育层面,人们也越来越强调"人本主义",旨在将人从"器物"中解放出来。现代人本主义强调,应将人类从依赖科技中解放出来,恢复人在世界中的本体地位,而非依附于科技发展。

从社会发展中人的主体地位的体现到教育领域中对作为学习者、施教者的教学活动参与主体的"人"的重视,"以人为本"思想在包括教育在内的各个领域得到重视。

教育教学中的"以人为本"教学理念旨在将教学活动参与者从传统教学中的非人性化的状态中解脱出来,恢复人的教学主体地位,强调了"人"的重要性,在教学中,真正关注教师、学生的自我的健康、可持续发展。

"人本主义"理论具有以下几个基本观点。

①学习者是学习的主体,应受到尊重。

②学习是丰满人性的过程,根本目的是人的"自我实现"。强调教育应促进教学参与者(尤其是学生)人格的完整,促进人的认知与情感的丰富、提高。

③人际关系是最有效的学习条件。

④"意义学习"是最有效的学习。

(三)"以人为本"的教学解析

在"以人为本"教学理念中,广义的"人"是指学生,教师和教育管理者,狭义的"人"是指学生,教育是"培养人"的一种活动,"以人为本"中的"人"的最大内涵是"学生",教育应以学生的身心健康、全面发展为"本"。

(四)"以人为本"的教学观点

1. 教育的目的是促进师生自我实现

首先,在体育教学中,学生的自我实现是要促进学生的身体、心理、智能、社会性等全方面的自我发展,让每一个学生都能通过体育教学有所进步,体育具有多元教育价值,通过体育教学能促进学生的各种素质的综合发展。在"以人为本"的基础性理论——人本理论的支持下，体育教育强调了在体育教学中不仅要重视健康知识和运动技能的学习，还要通过科学的体育教学环境创设和教学过程安排来促进学生的心理、情感、智慧、社会性发展，使学生情感和智力有机结合。体育教育的一个重要教学任务就是在体育教学中促进学生的认知与情感的共同进步与发展，通过体育教学，发掘和发挥每一个学生的学习潜能，培养学生在各个方面的创造性，最终所培养出来的学生应具有创新、创造意识与能力，这样的人才是社会真正所需要的人才。

其次，在体育教学中，教师的自我实现最基本的就是能创造性地完成体育教学任务，在教学中实现作为教师的这一角色的价值，通过体育教学培养出适合社会发展的合格人才，促进学生的发展与进步。同时，在体育教学中，通过对体育教学的科学设计与各种丰富多彩的体育教学活动的开展和教学媒体媒介的应用来提高自己的教学能力、组织能力、社交能力、科研能力、创造力等，促进自我综合教学能力和体育素养的不断提高，实现自我职业生涯的不断发展，并能在日常工作和生活中身体力行地从事体育健身锻炼，不断提高自身的身体健康水平，并能对学生和周围的人形成一种潜移默化的影响。

2. 课程安排应尊重学生的自由发展

在人本教育理念产生之前，传统的教育侧重社会价值和工具价值，人本位的思想和观念使得人们认识到了传统工具化教育是对其本质属性的违背，必须认识到，人是教育的出发点，人本教育将教育的重点落实到人身上，关注人的健康成长。在人本教育基础上我国所提出的素质教育也正是关注人的以学生为本的一种教育，素质教育是坚持实现自身价值与服务祖国人民的统一，学生是教育活动的主体，素质教育背景下的教育应关注学生的个性发展，独立人格发展，在体育教学中，教学应关注学生群体与个体的统一性、个性化发展，通过体育教学，调动每一个学生的积极性，促进每一个学生的自我进步。

体育教学所面对的教学对象是人，每一个人都与其他人存在个体差异，教育不是为了"批量生产人才"，而是旨在促进每一个人健康全面发展的基础上的个性化发展，因此，体育教学应在统一要求的基础上做到因材施教，教师必须要尽可能实现多种多样、侧重点不同的教学课程设计，使每一个学生都能在体育教学中有所进步与成长，通过科学体育教学活动组织与引导学生的正确、充分参与，培养个性化的人才。

3. 教学方法选用应重视学生情感体验

人本主义教学理论强调"以人为本"，主张教学以学生为中心，实现个性化发展，而学生的这种发展都是从学习经验中体悟和实现的，因此，这就要求体育教学中应重视科学化的体育教学方法的选择，激发学生的体育学习兴趣，为学生创造良好的学习体验。

在"弘扬人的个性,强调以人为中心,尊重人的情感体验"的现代体育教学中,体育教师应全面了解学生、充分尊重学生、真正理解和信任学生,在此基础上,教师与学生之间的"高高在上""师命不可违"的关系才能彻底改变,才有助于教师与学生构建和谐的师生关系。而良好的师生关系的建立对于体育教学活动的顺利开展具有非常重要的意义。可以说,学生对体育学习的态度、个人爱好、获得学分是重要动机,来自教师的个人魅力因素也具有重要影响。此外,师生的和谐关系建立也有助于教学活动中师生能够更好地配合,从而提高体育教学的质量。

二、"以人为本"教学理念的高校体育教学指导

(一)重新定位体育教育价值

在全球化的发展背景下,各种思想文化处在不断的发展和融合之中,教育思想也呈现出这一发展趋势,人本理论和"以人为本"教育理念的提出体现了当代社会对人的发展的重视,在体育教育教学领域,当前的学校体育更加强调人性的回归,学校体育的根本出发点和落脚点应是"育人"。

现代高校体育教学中,"以人为本"教学理念是符合当前时代的发展要求的,当前社会,人的发展在社会的各个领域受到了重视,即使是在智能时代,很多机器生产代替了人工生产,但是发明机器、操控机器的还是人,人在人类社会的发展中是起到关键作用的,任何时候都不能忽视人的作用。

人本主义教学理念与思想指导下的体育教学,就是要求教育者在体育教学活动开展过程中关注作为教学对象的学生这一因素,教师的教学活动开展需要学生的参与、配合,如果没有学生的参与,则教学活动就没有开展的意义了。

必须提出的是,教师也是教学活动中非常重要的参与一方,也是应该受到关注的人这一要素。体育教师在教学活动中所发挥的作用也不容忽视。

现阶段,我国的体育教学思想呈现出多元化的发展趋势,诸多教学思想都围绕"人"的教育展开论述,讨论了体育教学中如何更好地促进和实现"人"的发展。

(二)体育教学目标的重构

在我国,传统的学校体育教学目标为增强学生体质、掌握"三基"和德育,体育教学过于功利化,过于追求竞技成绩和金牌数量,这些都严重忽视了学生的健康发展,不利于学生的健康可持续发展的同时也不利于整个教学的可持续发展。

随着体育教学的不断发展,新的科学化的教学理论、教学理念给了体育教育工作者更

多的教育启发与指导，体育教学的育人作用被不断丰富和发展，多元化的学校体育价值体系对体育教学目标重构提出了要求。

新时期，"以人为本"教育理念在学校不同学科的教学中广泛应用并渗透，也有越来越多的学者认识到传统的体育教育体制不再适合当前的体育教育教学，不能单纯地追求学生的外在技能水平，而应该重视学生的全面、健康、可持续发展。新时期的体育教学的重点转移到"以人为主"上，在体育教学中，教师必须认识到，人是运动的参与者、是运动的主体，体育运动的教学和训练也必须以促进人的全面发展为根本目标。

（三）学生教学主体观的建立

现阶段，"以人为本"教学理念成为我国体育教学的重要教学理念，我国的体育教学实践活动开展过程中，越来越多的教师开始关注学生，从学生的特点、条件、基础和学习需要出发来选择教学内容、选择教学方法、选择教学组织形式与教学模式。高校体育更多以选修课形式设置，不同教师之间也正是通过个人教学能力和对学生的"因材施教"和关心关爱学生、研究学生获得学生喜欢，以此来促进更多的学生来选修自己的体育课程。

总之，学生是教学的主体，没有学生，教学也就不复存在。

（四）体育课程内容的优选

传统体育教学对学生的全面健康发展关注不够，体育教学课程内容主要是竞技体育运动技能，体育教学课通常被体能训练课、技能训练课代替，新时期的"以人为本"教学理念重视学生的全面、健康、个性化发展，在体育教学内容选择上，也更加科学。

在"以人为本"教学理念指导下，我国的体育教学有了很大的进步与发展，为了进一步促进我国体育教学的改革，教育部门先后修订各级学校体育教学大纲，强调在体育教学中要不断丰富体育教学内容，通过多样化教学内容旨在促进学生的身心健康与全面发展。高校体育教学中，教学活动开展也建立在落实"健康第一"的教学理念的基础上进行，通过丰富的体育教学内容来吸引学生参与体育锻炼，通过体育教学促进学生身心健康发展，而非传统体育教学中只关注竞技能力提高，有时为了达到这"竞技力提高的目的"，甚至安排不合理教学内容，超负荷地揠苗助长，可能对学生身心健康造成损害，这种行为是"健康第一"教学理念坚决禁止的。

此外，在丰富高校体育教学内容的同时，"以人为本"教学理念还强调体育教学内容与不同大学生的发展需求相适应，在体育教学内容优选中应注意以下几点要求。

①突出体育教学内容的趣味性，在课程改革过程中，激发学生学习的兴趣。

②强调体育教学内容的健身性，过度强调竞技技术提高的体育教学内容应予以摒弃或改编，使之能更好地为促进高校大学生的身体健康服务。

③重视体育教学内容的适用性，体育教学内容的教学实施应有利于学生的当前身体健康发展，并能为高校大学生的终身体育意识和体育能力的培养奠定基础。

④关注体育教学内容的创新性，高校体育教学内容还应适应现代化社会发展潮流，应具有启发性、创新性，促进高校大学生的创新意识和能力培养。

第二节 "健康第一"教学理念

一、"健康第一"教学理念概述

（一）"健康第一"的理论依据

从世界范围来看，"健康第一"教学理念的提出是符合世界教育发展趋势和社会对人才的发展要求的。

1. 世界范围内对人类健康发展的重视

在人类社会的发展历程中，健康始终是一个备受关注的课题。人类健康是推动人类社会发展的一个必要条件。

世界范围内各国开始普遍性地关注社会健康、大众健康是在20世纪50年代，各方面的发展促进了各个国家和地区对本国家和地区的人们健康的重视，大众健康逐渐走入公众视野，同时，教育领域关注学生健康也成为国际体育教育的发展潮流。

20世纪40年代公众健康问题在世界范围内广受重视，世界卫生组织提出"健康现代"健康新理念，为适应世界发展趋势，我国也开始关注社会大众健康教育、学校体育教育、提出"健康第一"的探讨教育教学指导思想。

随着国际间的大众健康交流日益增多，各国和地区都非常重视本国和地区的大众健康发展，整个社会已对体育的功能、价值等方面形成了全新的认识，在教育领域，重视学生的健康发展，成为各个国家和地区重视本国体育事业和教育事业发展的一个重中之重，体育健康教育对增强青少年体质健康水平和通过青少年群体影响周围群众健康、实现青少年进入社会成为社会体育人口间接增进社会大众健康具有重要而深远的影响。

在全世界都强调素质教育的大背景下，"健康第一"教学理念成为我国高校体育重要教育指导理念。

2. 社会发展对人才健康发展的客观要求

随着科学技术的不断进步、经济的发展迅速、社会生活节奏日益加快，人类的体力劳动越来越少了，长时间伏案工作所造成的"运动不足""肌肉饥饿"严重影响了人们的身体健康。基于社会压力所产生的各种心理疾病严重影响了人们的心理健康；社会功利化发展，过多的利益争夺对人们的社会性发展也产生了不良影响。诸多健康问题困扰着个人的发展和整个社会的健康发展。

20世纪90年代开始，疾病死亡原因发生了本质的变化，生活方式发生率急剧转变成为疾病死亡高发的重要诱因。健康问题成为一个社会发展问题，人们充分认识到健康的重要性，在教育领域，学生的健康问题同样引起关注。

进入21世纪以后，"全民健身"和"青少年体质健康"问题更大范围地走进我国国民的生活视野，大众体育健身参与、体育健康教育成为我国阻挡"现代文明病""办公室疾病""肌肉饥饿与运动不足病"的重要良方和强大武器。

在当前和未来社会的发展过程中，健康问题将始终是影响个人和社会发展的一个首要问题，社会的快速发展与激烈竞争要求现代人才不仅要有正确的政治思想，具备扎实的科学知识和能力，还必须具备强健的体魄，"身体健康是其他一切健康的基础"，"身体是革命的本钱"，身体健康是个体生活、学习、工作的基础，如果没有一个健康的身体，则很难在社会劳动力竞争中占据优势，社会竞争对劳动力的基本要求就是身体健康。要想在这个竞争中立于不败之地，必须首先拥有一个健康的体魄。

教育的最终目的是促进个人的健康发展、培养符合社会发展的合格人才，对学生群体的身体健康教育是体育健康教育的重中之重。

（二）"健康第一"的教育特点

1. 强调身体健康是健康的基础

"健康第一"，其中所提到的"健康"是全面的健康，是包括身体健康、心理健康、社会健康、生殖健康等在内的多维健康，健康的基础是身体健康。健康的体魄是人类发展的基本标志。教育应首先关注健康教育。

2. 强调多元健康发展的素质教育

"健康第一"作为一个现阶段的重要的先进教育理念的提出，强调体育教育应重视学生的健康发展，指出学校教育教学的首要目标是促进学生的健康成长，学生的身心健康比"卷面分数""升学率"更为重要。

3. 强调健康教育的全面性

（1）学生身体健康教育

在"健康第一"指导思想指导下，高校体育教学应时刻关注学生的各方面健康的综合发展，通过体育教学，关注和促进学生的身体健康发展，也促进学生的心理和社会性的发展，以为学生奠定良好的身体基础、心理基础，并能在走出校园走进社会之后能有良好的身心健康状态和水平应对生活、工作中的各种挑战。

（2）学生心理健康教育

现代社会竞争日益加剧，各种社会竞争要求社会生活中的每一个成员都应具备良好的心理素质，如此才能正确地看待、应付学习、生活、升学、就业、恋爱、婚姻等过程中的各种问题。当前，就我国高校大学生群体而言，许多大学生都深受学业、就业、生活中的各种问题的困扰，都存在不同程度的心理问题。因此，教育关注学生心理健康非常必要。体育具有促进运动者健康心理形成和发展的重要作用，现代大学生压力大，也容易受不良因素影响，高校体育教育应关注大学生的心理健康发展，通过体育教学活动开展，促进大学生心理健康发展。

（3）学生社会性发展教育

体育是一种独特的教育形式，学校体育教育可促进学生的社会性良好发展，应该在教学中有意识地培养学生的人际关系建立、竞争与合作能力。

因此，在高校体育教学活动开展中，深入挖掘体育的教育价值，在体育教学实践中充分贯彻"健康第一"的教育理念，切实促进学生身心健康、全面发展。

二、"健康第一"教学理念的高校体育教学指导

（一）树立体育教育新观念

"健康第一"教学理念对我国的体育教育的最重要的影响就是教育重点和方向的转变，新时期，贯彻"健康第一"教学理念，就必须转变体育教育观念，改变竞技化体育教育，关注学生身心健康发展。应该把教育的重心从单纯地追求学生的外在技能水平向追求学生的全面协调发展转移。

新时期，不断强化高校体育教育教学改革，必须落实健康教育，每一个高校、每一个高校体育教育工作者，都应该形成正确的体育价值观、培养良好的意志品质，不断完善性格特征。总之，现代科学化的体育教育应该将体育教育工作理念从以往单纯的"增强体质"为主转移到"健康第一"的新型教育观、发展观。

现阶段，社会发展对人才的要求是全面化的，一名合格的社会人才应该是健康发展的人才，身体健康、心理健康、社会性健康等，缺一不可。

（二）明确体育健康教学目标

在当前的体育教育教学实践中，"育人"是学校体育教学工作的最根本目标，技术教育和体制教育并不能完全作为学校体育实践的重心，"健康第一"的教育理念为促进我国高校体育目标多样性、多层次的建构提出了新的要求。具体如下。

①高校体育教育应重视加强学生的体育文化知识教育，提高学生体育文化素养。

②高校体育教育应充分融合健康、卫生、保健、美育等多种教育内容，通过内容全面的体育教育来培养学生健康的体育意识、健康的娱乐休闲习惯，远离可能影响个人身体健康的一切不健康因素和事件的影响。

③高校的体育教育工作的开展应紧密结合学生生长发育与生活实际开展健康教育，使学生会自我保护，预防疾病发生。

④高校体育教育应重视大学生青春期教育和心理健康教育，作为健康教育的重要内容来抓好，为学生在特殊时期的健康成长提供科学指导。

（三）完善体育教学课程体系

深化高校体育教学课程体系改革是促进高校体育教学发展的一个重要和有效途径，新时期要贯彻落实"健康第一"体育教学理念，就必须在体育教学课程体系建设方面做好工作，不断丰富体育教学课程体系内容，以更好地满足当前高校大学生的多元化、个性化的体育健康发展需求。

在"健康第一"教育理念影响下，我国的高校体育教学课程现状发生了很大的改变，如体育课程内容的增加，教学方法的不断丰富，学校体育课内与课外活动的有机结合，体育选修课越来越考虑大学生的学习爱好与需要，体育课程与内容设置针对不同专业学生凸显出了专业特点等。

现阶段，要继续贯穿"健康第一"教学理念，建设更加完善的体育教学课程体系，应持续做好以下工作。

第一，在高校体育教学中，应始终坚持以学生为主体，将学生的身心健康发展放在首位，所有教学活动的开展都应围绕促进学生的健康发展服务。

第二，调整体育教学内容，充分了解学生的特点和需求，对体育教学大纲所规定的教学内容进行科学选择，对与本校实际教学情况和本校学生不适合的教学内容进行调整，使体育教学内容能更好地从理论落实到教学活动实践中。

第三，丰富体育教学内容。通过丰富的体育教学内容吸引高校大学生的体育学习与体育参与兴趣，通过丰富的体育教学内容满足大学生的不同体育学习需求。

第四，重视教学内容的因地制宜，根据本地区气候、资源以及学校自身教学特点来进行特色化的体育教学课程设置，并研究出更能反映本校学生健康发展的健康检测内容与标准。

第五，重视高校大学生课内体育教育与课外体育活动的有机结合，加强体育课对学生的教育意义和提高学生对体育课的兴趣，并使学生养成科学合理的作息习惯、健身习惯，在课余时间也能科学健身，保持健康的生活方式。

（四）重视体育教学方法优化

良好的体育教学效果的开展受到体育教学方法是否正确的影响，在高校体育教学中，有很多体育教学方法可以供教师进行选择，不同的体育教学方法有不同的特点，同一种体育教学内容的展现可通过多种教学方法来展现给学生，体育教师应该判断出哪一种教学方法是最合适的，这样可以促进教学方法应用的最优化，进而促进体育教学效果的最优化。重视体育教学方法优化，要求体育教师具有良好的体育教学能力，有能科学选择各种教学方法、有效应用各种教学方法的能力。

（五）教学评价体系的完善

在"健康第一"思想的影响下，体育教学的评价应以学生的体质增强、身心健康发展为重要评价指标，完善体育教学评价体系。

"健康第一"教学理念指导下的高校体育教学评价体系的科学化构建与完善，具体要求如下。

第一，对学生的全面评价中，要重视对多方面的教学效果进行量化分析，并且将定性评价和定量评价相结合，提高教学评价的科学性，促进学生能更好地认识自身的不足以及获得学习的动力。

第二，对学生的全面评价中，要做到评价内容的全面、评价指标的全面、评价方法的全面，还有尽量做到邀请不同的评价主体进行评价。

第三，体育教学不仅注重对学生进行全面的评价，还注重对教师教学方面的评价。

第三节 "终身体育"教学理念

一、"终身体育"教学理念概述

(一)"终身体育"的基本内涵

"终身体育"教育思想的形成是人类自身和社会发展的必然。终身体育包括两个方面的内容:其一,终身教育贯彻人的一生,从出生开始一直延续到生命的结束,在人的一生中,都应养成参加体育锻炼的习惯,体育是日常生活的重要组成部分;其二,终身体育是科学的体育教育,在人的一生中的不同的阶段,都有正确的价值观念来指导和引导个体参加体育活动,并通过体育活动的参加实现身体的健康发展,终身受益。

具体可以从以下几方面来理解终身体育。

①时间方面,贯穿于人的一生。

②内容方面,项目丰富多样,选择性强。

③人员方面,面向社会全体公民。

④教育方面,旨在提高全民体质健康水平。

学校"终身体育"教学思想的树立和形成能有效促进我国体育教学的发展,是所有运动项目的体育教学都应该树立的一个正确教学思想和观念。

要切实推动终身体育教育理念在高校的贯彻落实,教师在推动"终身体育"教育思想的落实方面具有非常重要的责任与作用。

在体育课堂教学中,教师应关注学生终身体育意识和能力培养,不能只关注和过于重视技术、技能教学。

在体育课堂外,教师可以组织学生开展各种体育活动、体育游戏,对高校大学生体育俱乐部活动的开展,教师应鼓励,并给出指导性意见和建议。

(二)"终身体育"的思想特征

1. 体育锻炼时间的终身性

"终身体育"是一种先进的教育理念,其最为重要的一点就是它可以令个体一生受益。从教育功能作用于个体的影响来看,"终身体育"突破了传统的学校体育目标过分强调学习和掌握运动技能的观念，打破了传统的体育教学把人接受体育教育的时间仅仅局限在校学习期间，而是将体育教育时间大大延长，囊括了人的一生。

"终身体育"教育理念强调体育教学应符合学生生长发育、心理健康发育的客观规律，以及健身的长久性，注重培养学生对体育的爱好、兴趣，养成锻炼的习惯和能力，强调体育参与的终身参与、终身受益。

2.体育锻炼群体的全民性

"终身体育"的体育对象指接受终身体育的所有人，每一个社会成员都应该积极参与，"终身体育"是面向全体社会成员的，从学生在学校体育教学中逐渐培养起体育锻炼意识到走出校门走进社会之后能持续参与体育锻炼，为以后的整个人生参与体育锻炼奠定良好的基础。因此，终身体育教育的主体并不局限于在校学生，而是面向所有民众，应做到全民积极、主动参与。

从一种体育发展理念演变为一种体育教育理念，"终身体育"教育理念的教育对象是面向整个人类社会的成员的，"终身体育"教育不仅仅局限于学生，包括社会大众。

体育教育是一个需要长期坚持的系统工程，生存、健康是社会和时代发展主流，健康是人们生存生活的重要基础，体育健身与生活是密不可分的。因此，无论个体的年龄、社会身份发生怎样的变化，都应该成为"终身体育"的教育对象。

3.体育锻炼目的的实效性

"终身体育"以适应个人发展和社会发展为根本着眼点。因此，终身体育参与必须要做到因地制宜，因人而异，不同的人应结合自己实际选择具体锻炼内容、方式、方法等，同时，应融入到日常的生活、学习、工作中。

在高校体育教育教学中，体育教学的内容选择、方法运用都应为提高学生的体育知识、体育技能服务，不断提高学生的终身体育意识和终身体育能力，如此，在大学生毕业进入社会后，也能持续参与体育健身锻炼。

（三）"终身体育"与体育教育

1.终身体育与学校体育的相同点

（1）共同的体育目标——育人

体育具有多元教育价值，无论是终身体育参与还是体育教育的体育活动参与，其最终目标都是为了实现体育运动者的体育、智育、德育、美育等多元教育价值，更好地促进运动参与者的健康全面发展。

健康的身体是其他健康的前提条件，学校体育教学就是要培养学生的终身体育意识与能力，以为其健康的一生，更好地实现个人价值和社会价值奠定健康基础。

（2）共同的体育手段——健身

终身体育活动参与和体育教育都是通过体育运动健身参与来实现体育的教育价值的，最终的个体行为也都落实在体育健身活动上面，终身体育强调个体应养成终身参与体育锻炼的习惯，在人生的每一个阶段都积极参与体育健身锻炼。体育教学以学生的身体练习为主要教学手段，通过身体活动促进身心、社会性全面发展。

（3）共同的体育任务——掌握体育知识，提高运动能力

个体的终身体育健康参与，离不开科学体育知识作指导，离不开体育健身锻炼实践活动参与，而同时，体育知识与体育技能的掌握，也是高校体育教学的重要任务，只有掌握这两方面的内容，才能更加科学地去从事体育健身实践活动，才能通过身体力行的体育活动参与实现运动者的身心健康全面发展。

2.终身体育与学校体育的区别

（1）体育参与时限不同

终身体育贯穿人的一生，学校体育只负责学生在校期间的体育教育。

（2）体育教育对象不同

终身体育以全社会所有成员为教育对象，学校体育以在校学生为教育对象。

二、"终身体育"教学理念的高校体育教学指导

（一）转变传统体育教学思想

"终身体育"教学思想指导下的高校体育教学，应该在体育教学内容、体育教学方法、体育教学评价等各方面都要做到以培养和提高学生的体育终身意识和能力为标准，通过与学生日常生活、学习、工作关系更密切、关联程度更大的体育项目教学，培养学生的运动习惯，而不是仅仅关注学生的运动技能掌握情况。

高校体育教育教学过程中，教师应将体育教学达标的制订从单纯和过度关注技能指标的思想观念中解放出来，关注学生的体育价值观、体育态度、体育意识、体育行为习惯，如此才能真正有针对性地开展体育教学，才能真正实现终身体育教育。

"终身体育"教学理念是高校体育教学改革的指导思想，也是高校体育教学发展的落脚点。

（二）重视学生终身体育意识的培养

个体的体育活动参与行为的实现，必须建立在对"终身体育"教育理念有一个正确的

认识的基础上,"终身体育"意识是高校大学生主动进行体育学习、体育参与的重要内部驱动力和动机。

当前社会,社会节奏快、生活压力大,每一个人都面临着各种各样的生理和心理负担,要获得高质量的生活,就必须确保身心健康发展,体育运动能有效促进运动者的身心保持良好的状态,终身体育对于学生的身心素质发展促进具有重要作用,学生走进社会之后,在社会上面临的各种压力并不比学生时代少,甚至要更多,体育健身锻炼是一种身心压力释放、身心健康状态重塑的过程,对运动者保持良好身心状态迎接生活、学习、工作挑战是非常重要的,可以有效提高个人生活质量,提高学习、工作效率。

终身体育活动参与对于个人的社会性发展是具有重要的促进作用的,大学生坚持体育健身锻炼,能有效增强身心适应能力,可以在毕业步入社会后更好地适应社会,提高自己的抗击压力的能力。

现代高校体育教学实践中,要培养学生的终身体育意识,要求教师应做好以下教育引导工作。

①引导学生树立正确体育价值观。

②端正体育学习态度。

③将素质、技能、知识、能力等教育内容渗透到终身体育教育中。

④通过体育教学丰富学生的体育知识、体育技能,提高终身体育参与能力,为终身体育锻炼奠定基础。

(三)丰富终身体育教学内容的设置

学生的个体差异性决定了学生的体育兴趣爱好不同、所适合从事的体育运动项目不同、所渴望学习的体育运动知识与技能(水平)不同,因此,在高校体育教学中,不能只追求学生某一特定的运动技能和运动的熟练程度,而是重视不同学生的不同体育发展需求,尽可能地丰富体育教学内容,使体育教学内容项目、层次多样化。

"终身体育"教学理念指导下的体育教学内容丰富化教学工作要求如下。

①延伸与拓展学校体育课堂教育,使学校体育向终身体育延伸。

②不同教学内容的课程目标设置应在充分了解与分析学生的现状的基础上进行,以体育课程终身体育教学目标为导向组织体育教学。

③选用体育课程内容时,应重视对休闲体育项目、时尚体育项目的引进,开展能够激发学生体育兴趣和潜能的体育活动。

（四）关注学生需求与社会需求的统一

"终身体育"旨在为学生提供一种健康的生活态度与生活方式，对于任何人来说，身体健康都是个体适应现代社会生活、工作、发展的必要条件。

高校体育教育的终身体育教育理念的贯彻，就是要在培养符合社会发展的合格人才的基础上，促进学生的个性化发展，实现学生的社会价值与个人价值的共同发展。

高校终身体育教育对学生需求与社会需求的统一性的实现，要求做好以下工作。

①重视国家需要、社会需要与学生个体需要的有机结合。

②明确学生需要与社会需要的彼此地位。这是正确处理学校体育发展与社会需要适配性的关键问题。

③重视体育教育的健身价值与人文价值的实现，重视体育知识、体育技能、体育习惯的共同培养。

④围绕学生开展体育教学，充分满足学生的学习和发展需求。

⑤全面提高大学生的体育素养，以符合社会发展对人才的体质、体能、知识、精神、道德要求。

"终身体育"教育有四个支柱，即"学会认知、学会做事、学会生活、学会生存"，但应充分考虑"终身体育"与"以人为本""健康第一"的有机结合。

第四节 坚持体育教学理念创新的注意事项

一、综合加强体育、卫生、美育、心理健康教育

体育教育是一种以体育为主的全面教育，在体育教学中，应加强体育、卫生、美育等教育的充分结合，加强学生的多元和多方面的体育教育，注意以下几点。

第一，学生参与体育活动，必须注重营养，养成讲卫生的好习惯，高校体育教育教学应将学生的多方面体育教育综合起来施教。

第二，高校体育教学中，应加强对学生的营养指导，让学生了解有关营养、卫生保健的知识。

第三，高校体育教学中，应加强对学生的美育教育。美育不仅能陶冶和提高学生的修

养，而且有助于开发他们的智力。体育是健与美的有机结合，寓美育于体育之中，提高学生对体育的兴趣，增强学生的体育学习情感体验，提高学生的审美、创造美的能力。

第四，高校体育教学中，应加强对学生的卫生保健教育，并应紧密结合学生的生长发育与生活实际来开展健康教育，使学生会自我保护，促进自我健康成长发育。

第五，高校体育教学中，应加强对学生的心理健康教育，把学生青春期教育和心理健康教育作为健康教育的重要内容来抓。

二、综合培养学生的体育健康意识、行为、能力

健康的意识、知识、方法、技能对每一个参与体育锻炼的人来说都非常重要，开展高校体育教学活动，要真正促进学生的健康，就必须将体育教学活动与学生当前和日后的日常生活与工作密切结合起来，使体育意识演变成体育习惯，并落实成体育行为，在以后的发展过程中，都能通过体育运动参与来更好地促进生活和工作的发展，如此就将体育知识、技能转化为学生自觉的行动基础。通过体育教学中对学生的体育健康知识、锻炼方法、运动技能等的传授，使学生能自主参与体育锻炼，并对自我体育锻炼效果进行正确评价，进而不断改进与完善体育锻炼。

具体来说，在体育教学中，学校和体育教师应做好以下几方面的工作。

第一，结合学生实际选择体育教材。

第二，活动适量，不应矫枉过正。

第三，加强学生体育课外活动指导。

第四，组织开展多种体育比赛。

第五，展开与体育相关的各学科的教育，如运动学、心理学、营养学、保健学等。

第六，坚持以运动技术为主，注重一专多能。

第七，体育运动项目的开展要和社会体育资源相结合，不断提高学生参与体育的运动能力。

三、实现多元教学理念的相互促进

在教育教学的发展过程中，出现了许多先进的体育教学理论和教学思想，这些教学理论和教学思想在不同的历史时期，对教育教学实践具有重要的促进和推动作用，而且在同一时期可能会有几个教学理论和教学思想同时对教育教学实践发挥着影响作用，只是一些教学理论和教学思想起着主导影响作用，另一些则起着次要的影响作用。

体育方面的教学思想有很多，各种不同的体育教学理念具有其优点，也有不足之处，

不同的体育教学理念相互影响，不同的体育教学思想可能相互补充，也可能存在有冲突的地方，教师在体育教学活动开展中，应注重对具体的体育教学实际进行分析，在坚持"以人为本""健康第一""终身体育"的三个主要教学理念的指导下，各种教学活动安排都应该充分体现出这三个教学理念中的一个或几个，如此才能切实促进学生的身心健康全面发展。各种不同体育教学理念也可相互借鉴，取进步内容丰富完善自我教育理念内涵，对不足之处予以改正，或者用其他更加与体育教学实践贴近的体育教学理论和思想予以补充。例如，有利于人性发展的观点值得吸取，可能放任教学内容泛滥的应坚决摒弃；运动技术技能教学思想的落实可有效促进学生对体育运动技能的掌握，但容易过分强调技能水平而忽视学生身心发展规律，对此教师应格外重视。

在当前体育教育教学的发展过程中，"以人为本""健康第一""终身体育"都是先进的体育教学理念，对体育教学实践具有重要的指导和发展促进作用。

现代体育教育教学实践中，新的体育教学理念要求体育教学应关注学生发展、充分重视学生的体验，让学生在愉悦的体育教学氛围中能积极主动地参与体育活动、进行体育学习，同时，新的体育教学理念还重视对学生终身锻炼的习惯进行培养，使学生在体育中养成积极健康的生活方式，进而促进学生的全面、长期、持续发展。新的教学理念中的"以人为本""健康第一""终身体育"是相互促进，互为补充的，通过这些体育教学理念对体育教学实践的共同的教学指导，能真正实现体育教育对学生的全面健康发展的促进。

新时期，要实现体育的多元教育功能，促进学生、教师、体育教育的科学发展，就必须综合实现"以人为本""健康第一""终身体育"的相互促进和对体育教学实践的共同启发与指导价值，以不断完善体育教学，通过体育活动最终实现人的可持续发展。

四、提高高校体育教师队伍的综合素质

在体育教学实践中，体育教师发挥着重要主导作用，体育教学理念在体育教学实践中的贯彻实施需要体育教师去执行，提高高校体育教师队伍人员的综合素质有利于更好地在体育教学中发挥先进的体育教学理念的作用。

新时期，要促进先进体育教学理念对体育教学实践的指导，提升体育教师素质，应注意做好以下工作。

①一名合格的体育教师应具备良好的体育文化素养，掌握丰富的体育文化知识、理论知识。教师要丰富自我文化素养，不仅要重视对体育学科知识与理论的学习，还要重视对体育相关学科的知识的学习，以不断丰富自我知识结构。

②重视体育教师的综合教学素质、体育素养的提高。通过培训、学术交流、体育文化

活动参与等不断促进体育教师熟知信息科学，通过对多方面的科学发展规律，如生命科学、环境科学、教育科学、传播学等知识学习，掌握不同活动发展的规律，来为体育教学活动开展提供理论指导。

③加强树立终身学习意识，体育教师要落实终身体育，自己要先有足够的体育学习与参与意识，并形成体育健身习惯，教师必须为人师表，作出表率，才能为学生积极参与体育健身锻炼树立一个良好的形象与榜样。

④鼓励体育教师积极参与体育科研，体育教学实践活动的开展离不开具体理论的指导，体育教师提高科研能力，有利于更敏锐地在体育教学中发现问题、分析问题、解决问题，从而促进体育教学的不断完善。

⑤加强对体育教师的教学监控，督促教师不断完善自我、促进自我可持续发展。教师作为人，也有人的一般惰性缺点，因此，有必要通过客观的教学监督指导来促进体育教师对自我工作的不断改进与完善。

五、建设良好的高校体育教学条件与环境

先进体育教学理念的实施需要学校的全方位的支持，需要学校教学工作者、领导等的支持，为整个高校体育教学创造一个良好的体育教学条件、环境与氛围，提高高校的体育教学软件、硬件、文化等方面的条件与环境创设水平，为高校师生更加主动、积极、顺利地参与高校体育"教"与"学"奠定良好的基础。

第三章 高校体育教学方法创新

第一节 体育教学方法概述

体育教学活动的开展需要教师在体育教学方法设计方面融入大量的教学智慧，通过科学合理的教学方法的设计与使用，来更好地呈现教学内容，激发学生体育学习的积极性，以更好地实现良好的体育教学效果。随着现代体育教学的不断发展，一些新的体育教学方法被创新并应用到体育教学中，收到了不错的体育教学效果并被进一步推广。本章主要针对当前高校体育教学方法的选用和使用进行系统研究，以启发和指导体育教学者能结合教学实际选出最佳的体育教学方法及其组合，不断提高教学质量和优化教学效果。

一、体育教学方法的概念

关于体育教学方法，国内外学者很早就开始进行，在研究过程中，诸多专家和学者对体育教学方法概念界定有以下共识。

①体育教学方法是体育教学系统的重要组成部分。

②体育教学方法与体育教学系统其他要素之间具有非常密切的关系。体育教学方法服务于体育教学目标和体育教学任务，应能够促进体育教学目标和任务的实现。同时，体育教学方法又受体育教学内容的制约。

③体育教学方法是"教"与"学"的统一，可有效促进师生的双边互动。

④体育教学方法受到特定的教学理论的指导。

⑤与其他科目教学方法相比，体育教学方法在注重教学语言要素的同时，更加注重动作要素。

综合我国学者对体育教学方法的研究，一般认为，体育教学方法，具体指为实现体育教学目的而采用的手段、方式、措施和途径等的总和。

二、体育教学方法的分类

从体育教学活动双边关系和参与主体来看，体育教学方法可以从"教"和"学"的角度进行教法和学练法的划分，具体分析如下。

（一）教法

教法是体育教学过程中的教师层面的教学方法，也是本书所指的教学方法，可以具体理解为教师的授课方法。

1. 知识技能教法

教法类教学方法包括基本知识的教法和运动技能的教学方法。

（1）基本知识的教法

基本知识主要是指体育运动项目的基本理论知识，基本知识教法就是针对这些理论知识展开教学所使用到的教学方法，主要涉及基础学练理论教学。

一般来说，体育基础知识的学习主要是抽象知识的学习，具有一定的难度，不像体育运动技术那样可以直观地、生动形象地展现，这就需要教师在体育教学过程中应深入了解学生的知识基础、思维能力选择相应的教学方法。教学方法应尽量具有操作性，并注意与体育运动实践的结合。

（2）运动技能的教法

运动技能的教法不难理解，是通过相应的教学方法来很好地向学生呈现技术动作，帮助学生很好地理解运动技能的概念、构成、完成过程，这对于学生提高体育运动技能具有重要的作用，教学方法应便于运动技能规律与特点的揭示，便于具体的技术动作的形象化生动化展示。

运动技能教法应用特点如下。

①教师通过教学方法的科学选择与实施，促进学生对具体的运动技能的掌握。

②充分考虑教学体系中其他要素，如教学内容的关系，结合教学内容分析，运用相应方法帮助教师完成教学任务。

③结合实际教学情况，充分发挥教学方法灵活多变的特点，随机应变，在体育教学活动中灵活处理各种教学要素。

2. 思想教育法

思想教育法是为展现体育思想教学内容的教学方法，开展相应的思想教育时，教学方法选择应注意体育思想、体育道德内容展示的特点，促进学生的体育价值观念、体育精神、体育道德、体育意志品质等的发展与提高。

思想教育法应用应促进学生如下几方面的效果。

①形成良好的意志品质。

②发展个性。

③提高团队协作意识。

④形成正确的价值观和审美观。

⑤发展创造性。

（二）学练法

1. 学法

学法，主体为学生，在体育教学中，学生的学法就是了解和掌握体育相关知识的方法，通过具体学法的选择与应用，促进学生对体育知识、技能的掌握。

体育运动教学实践中，学法应用要求如下。

①确保学生能掌握教学目标所要求的基本知识与技能，并结合个人情况有所发展。

②体育学习中，应重视体育知识、经验、自身体能与新知识、技能的有机结合，使体育技能学练符合自身身心发展规律、特点。

2. 练法

练法，具体是学生的运动训练方法，是实现体育教学目的的重要方法和途径，指导学生进行体育锻炼的方法是体育教学中最具本质特征的方法。

体育教学是一项身体实践性非常强的学科教学，各种体育知识、技能都需要学生的体育活动实践才能理解、掌握，并在之后的体育活动参与中表现出来，这就需要学生在体育学习过程中结合具体的学习任务、目标、自身实际情况，科学、循序渐进地参与体育运动训练，不断提高自己的体质、体能、运动心理水平，并进一步促进自我体育运动专项体能、技能和心理能力的发展。

三、体育教学方法的特点

（一）实践操作性

与其他学科不同，体育学科的学习更多时候需要学生进行各种各样的身体练习，因此，在体育教学过程中，教师选择教学方法应充分考虑到学生的具体的身体活动开展的可操作性，同时教学方法应考虑客观的体育教学条件能否为教学方法的体育教学活动组织提供必要的物质支持。

体育教学方法的实践操作性受体育身体活动的基本性质影响，同时，也受到学生的体育活动参与形式的影响，教师选择实践教学方法，应结合具体教学实际对教学方法进行必要的修正，如果教学方法中的某一个环节和形式安排可能在接下来的教学活动开展中受阻，则教师应该灵活变通。不能让教学方法停留在理论层面，应落到教学实践中，符合教学实践。

（二）多感官参与性

体育活动的开展过程是师生的身体活动参与过程，教师与学生进行各种体育技术动作示范、练习，都需要充分调动身体各部分的组织和系统的功能，整个有机体各个器官和组织、系统都要充分调动起来。因此说，体育学练的过程，也是学生有机体多感官共同参与的过程。

在体育教学中，为了获得良好的体育教学效果，体育教师在选择和运用教学方法时应注意教学方法是否能充分调动起学生的多种感官的积极参与，优化教学效果。

体育教学方法对学生的多感官的体育调动与参与主要表现如下。

①体育运动参与和学习中，需要学生动用思维、感知、记忆和想象，需要学生的眼睛、耳朵以及触觉和动觉等感受器官对运动的方向、用力的大小和动作的幅度等方面进行感知，形成正确的动作定式。

②在形成正确的体育动作的基础上，将所接受到的教学信息进行整理、分析，和大脑思维指挥身体的各器官完成相应的动作；通过不断重复技术动作，最终实现动作技术的正确和精细。

（三）时空功效性

根据学生的学习认知规律和动作技能形成规律，体育教学方法的各教学实施阶段都表现出体育活动的时空性特点，以及教学的时空特点。

体育教学开始阶段，教师作为教学主导者，指导学生进行相应的学习活动，进行相应的分析、示范和指导。

体育教学期间，教学活动的主体发生了相应的变化，学生的主体作用也在不断增强，学生通过认知、分析和练习，掌握相应的知识和技能。

体育教学结束阶段，教师进行相应的总结和分析，对学生的学习过程、学习效果进行客观、全面评价与分析，并预告下次教学内容，实现本次课与下次课的时空有效衔接。

（四）动静交替性

体育运动教学与训练应保持动静结合，这主要是受运动者个体运动负荷承受范围的影响，是体育教学的基本规律和特点。

体育教学方法的"动"即指技能学练，体育运动技能的学习与掌握必须通过实实在在的身体练习来进行，体育教学过程中的各种体育教学方法都是为了促进学生更积极、更好地去参与各种身体活动,通过体育活动实践来掌握体育技能。

体育教学方法的"静"即指合理休息。学生的体育学习过程中,学生生理方面和心理方面都要持续不断地受到刺激,并承受一定的负荷,长时间会导致疲劳影响学习效果与质量,这时需要安排学生进行合理休息,包括积极性的休息和静止休息。安排休息时,应注重积极性休息和消极性休息的结合。

(五)师生互动性

体育教学活动的开展,需要教师和师生共同参与,教学方法的选择不应该只是组织活动让学生参与,还要在体育教学活动中,教师能适时地融入到学生的学练、发现、探索活动中去,及时给予学生正确的教学指导。教学方法的应用应有助于教师、学生的体育教学活动的积极参与,并促进师生互动。

(六)继承发展性

新时期,教育工作者继续发展创新,教学方法及其应用也在不断丰富与创新使用,教师和学生的师生关系、课堂体验,以及体育教学效果都在不断优化。

第二节 传统体育教学方法及应用

一、传统体育教法及应用

(一)语言教学法

语言教学法,就是教师通过语言表达,来阐述体育教学知识、文化、规律、特点、技术构成、教学活动安排与过程实施的方法,学生通过对教师的语言来了解教学过程,参与到学习过程中去,掌握必要的教学知识点。

常用语言教学法举例如下。

1. 讲解教学法

讲解教学法,教师通过语言讲解来开展教学。讲解法通常用于体育理论教学,讲解过程中,教师应充分考虑学生的理解能力与认知能力的特点与水平。

讲解法使用要点如下。

①讲解要明确，突出教学内容重点、难点、特点。在体育教学中，教师对于教学内容的讲解必须要有明确的目的，不能漫无目的地讲解，这样会使学生抓不住重点，不能理解教师的用意，导致学习效率低下。

②讲解要正确。注重讲解内容（历史文化、动作术语、技能方法等）的准确描述。

③讲解要生动、简明、有重点。讲解应便于学生更好地理解教学内容，如生动形象化的讲解可加深学生的认知，教师应重视对技术动作的形象化描绘，可以适当加入肢体语言帮助学生理解。再如，关于概念、技能难点的讲解应有重点，把握关键技术讲解，更便于学生掌握动作要领。

④讲解要通俗易懂、深入浅出。教师要善于运用对比、类比、提问等方式进行启发性教学，这有利于学生积极思维，使学生举一反三，学以致用。

⑤注重教学内容讲解的时机和效果。

⑥重视讲解内容的前后关联性。

2. 口头评价法

口头评价是体育教学中非常重要的教学方法，可以在课堂上及时、快速给予学生最直接的评价、提醒，也可以在教学结束之后，对学生的课堂表现进行口头点评。根据评价性质，口头评价有如下两种。

（1）积极评价

教师对学生的评价是鼓励性的、表扬性的、肯定性的。

（2）消极评价

教师对学生的评价是负面的，以批评为主，这显然会让学生感觉到不舒服和沮丧，对此教师应掌握必要的语言沟通技巧，注意措辞，要就事论事，不能过分打击学生，更不能进行语言方面的人身攻击。

3. 口令、指示法

口令、指示具有简短的高度概括性，在体育过程中，借助简短的字词给予学生必要的提示，如体育实践教学中的动作学练。

口令和指示法应用要求如下。

①教师应发音清晰、声音洪亮。

②教师对学生的口令、指示应尽量使用正面引导、积极性的词汇，并注意提示的时机。

③合理把握口令和指示的节奏。在体育教学实践中，教师采用口令、指示法时，尽量

做到语言精练，言简意赅。

（二）直观教学法

直观教学法，是利用学生的感官直接冲击来加深学生对体育教学内容的印象，使学生更直观、生动、形象、直接地了解教学内容。具体来说，通过直观刺激学生感官。

体育教学中的常见直观教学法有如下几种。

1. 动作示范法

在体育教学中，教师通过对教学内容的动作示范，来使学生对所要学习的项目技术动作有一个生动形象的了解，熟悉动作结构和要领。

2. 教具与模型演示

采用图表、照片和模型等直观教具辅助教学，使学生更加易于理解相应的技术结构和动作形象。

3. 案例教学法

案例教学法，就是在体育教学中举例子，使学生对体育教学内容的理解更加简单、直观、形象。

4. 多媒体教学法

多媒体教学方法是现代体育教学中被较多使用的方法，与传统的课堂板书教学不同，多媒体教学能令教学内容的展示更加生动形象，而且教师应更加准确地利用多媒体教学技术向学生分析动作的细节，通过动画和视频演示，可以将每一个动作精确到秒上，将教学内容制作成电影、幻灯片、录像等，通过重放、慢放、定格等操作方法，使学生更深入、系统地学习知识，掌握技能。

多媒体教学法的使用需要必要的多媒体教学技术支持，也需要教师具备一定的多媒体技术操作能力。

（三）完整教学法

完整教学法是体育教学中广泛应用的一种教学方法，该教学方法重在完整地、不间断地演示整个技术动作过程，通常在体育教学实践课中运用。

完整教学法的体育教学应用应注意以下几点。

①讲解要领后直接运用。教师通过对体育运动技术动作的分解讲解后，示范整个技术动作，使学生能流畅地模仿完整技术动作。

②强调动作练习重点。体育实践教学中，对于较为复杂的动作，教师应明确讲解、示

范重点，使学生正确把握技术动作难点。

③降低动作练习难度。降低动作难度以便于学生完整练习，建立正确动作定型后逐渐增加难度，待学生熟练后再按标准动作进行完整动作学练。

④应注意将各动作要素进行分析，以使得学生能够了解用力的大小、动作的程度等方面。

（四）分解教学法

分解教学法是与完整教学法相对应的一种教学方法，适用于复杂和高难体育项目的技术动作教学。能将复杂的动作简单化，降低技术难度。

分解教学法适用于复杂和高难体育技术动作教学，具体是指在体育教学实践中，教师分解完整的技术动作，通过各个阶段、环节的逐个教学，最终使学生掌握整个技术。

（五）预防教学法

体育教学的开放性使得体育学习同样是一个开放的过程，可受到各种因素的影响与干扰，就学生的个体差异性来说，学生的认知能力、理解能力、肢体协调能力等，学生不可能做到一下子就能准确掌握知识要点、动作要领，学习过程中难免会犯各种各样的错误，教师针对学生的学习错误，应及时预防和纠正。

预防教学法是对学生的错误认知、错误动作提前采取的阻断措施的教学方法。

（六）纠错教学法

纠错教学方法是学生在体育教学中出现认知、动作错误后，及时予以纠正错误的教学法。

在体育教学过程中，教师应正确对待学生由于对各种动作技术理解不清或对动作掌握不标准的错误，注意进行有意识的引导和纠正。

纠错教学法应用要求如下。

①纠错时，应注意正确技术动作的讲解，使学生明确产生错误的原因，及时改正。

②结合外力帮助学生明确正确技术动作的本体感觉。预防和纠错相辅相成，和预防相比，纠错的针对性更强，要求教师认真分析学生错误的原因，并有针对性地结合错误的源头采取相应的纠正措施，并给出改正方向与方法。

（七）游戏教学法

游戏教学法，指教师利用组织游戏的方法使学生完成预定教学任务的教学方法。这种教学法的应用比较广泛，在体育教学的初期和其他各时期都经常被使用到，在调动学生的体育学习积极性与主动性方面具有良好的作用。

（八）竞赛教学法

竞赛教学法，是通过教学竞赛的组织来开展体育教学的方法，竞赛教学法重视学生的体育运动技能的实践检验，也重视学生在运动中的角色体验以及学会如何处理与队友的关系，并可以促进学生的运动心理的调适与完善。竞赛教学法是体育教学不同于其他学科教学的一种重要教学方法，对于学生的身体运动素质、竞技能力、心理素质、社会性关系处理等都具有重要发展的促进价值。

在体育教学实践中，教师不应只专注于使用一种教学方法，也不能毫不顾及教学实际多个教学方法交叉和叠加使用。上述各种体育教学方法的应用应结合具体的教学实际情况和学生情况进行科学选择，以选择的最佳的教学方法或者教学方法组合，进而促进良好的体育教学质量和教学效果的不断提高。

二、传统体育学法及应用

（一）自主学习法

所谓自主学习法，即学生积极主动独立自主进行体育学习的方法，在学习过程中，主动发现、分析、探索、实践，当然，整个学习过程需要教师的必要的指导。

高校体育教学中，教师指导学生进行自主学习，应做好以下几方面的工作。

①教师应针对学生的水平、特点，为学生安排难度适当的体育教学内容。

②教师可帮助学生制订学习目标，指出学生通过自我探索应该达到什么水平，解决哪些问题，学生应根据自身的知识储备和能力水平，明确学习目标。

③学生应根据自身情况，对照学习目标，进行积极的自我调控，并及时改进教学方法和教学策略。

④教师必须认识到，组织学生进行自主学习，教师仍要间接参与学生的整个学习过程，自主学习并非意味着教师放任不管，教学中，教师应时刻关注学生的学习进度，是否遇到了一些问题，如果学生的学习偏离预期，应及时引导。

（二）合作学习法

合作学习法，是在教师的指导下，学生进行合作互助，通过责任分工承担不同学习探索任务，并最终解决问题，达到教师所设定的学习目标，完成教师布置的学习任务。合作学习能够提高学生的学习能力、合作能力。

三、传统体育练法及应用

（一）重复训练法

重复训练法，就是反复进行某一训练内容练习的方法。重复训练法旨在通过反复的动作重复不断强化运动条件反射，使机体产生较高的适应机制，促进学生掌握和巩固技术动作。

1. 重复训练法类型

一般来说，可根据训练时间长短和间歇方法将重复训练法进行分类，具体见表3-1。

表3-1 重复训练法的分类

分类依据	训练方法
训练时间长短	短时间重复训练方法（不足30秒）
	中时间重复训练方法（0.5~2分钟）
	长时间重复训练方法（2~5分钟）
训练间歇方式	连续重复训练法
	间歇训练法

2. 重复训练法应用要求

①同一动作反复练习难免枯燥乏味，训练中教师应时刻关注学生的情绪。

②训练中，应严格规范学生的技术练习，对学生的运动训练负荷强度应科学控制。

③强调技术动作的正确练习，如果学生连续出现错误动作，应停止练习，防止错误强化。

④训练数量、负荷、次数安排符合学生实际。

（二）持续训练法

持续训练法，是在保持一定负荷强度、运动时间的基础上无间断地连续进行练习的训练方法。

1. 持续训练法类型

根据训练持续时间，持续训练法具体分类见表3-2。

2. 持续训练法应用要求

①持续训练法使用单个或组合技术的反复持续性练习。

②训练前，学生应熟悉具体的训练内容、程序。

③持续训练过程中，应关注学生的训练质量应保持在一定水平，提醒学生注意训练中的动作质量。

表 3-2　持续训练法的分类

分类	训练方法	
训练持续时间	短时间持续训练法	
	中时间持续训练法	变速持续训练
		匀速持续训练
	长时间持续训练法	

（三）循环训练法

循环训练法，是对较多的训练内容进行分类和排序，依次完成训练内容与任务，然后再从训练最初的任务开始，不断循环重复整个训练内容的训练过程与方法。

循环训练各站点内容不同，对提高学生的训练兴趣和积极性、主动性有较大的促进作用。

1. 循环训练法类型

循环训练法的实践应用类型划分如表 3-3 所示。

表 3-3　循环训练法的分类

分类依据	训练方法	
运动负荷特征	循环重复训练法	对各训练站点之间间歇时间不做特殊安排
	循环间歇训练法	明确各训练站点的间歇时间
	循环持续训练法	各个训练站点之间不安排间歇时间
训练组织形式	流水式循环	按一定的顺序一站接一站地周而复始
	轮换式循环	各学生于同一时间在各自练习站训练
	分配式循环	先在站中练习，然后依次轮换练习站

2. 循环训练法应用要求

①注意各训练内容的排序应合理，符合一定规律。

②训练逐渐深入，不要急于求成，一般先练一个循环，过 2～3 周再增加一个循环。

③任何时候，训练参与最多不得超过 5 个循环。

（四）完整训练法

完整训练法，指从头到尾完整地完成一个动作、一套动作、一个技战术配合的训练，整个训练一气呵成，没有中断。

完整训练法实施应注意以下几点。

①完整训练法适用于单一技术训练。

②较复杂的技能训练，应注意学生的技能基础的良好奠定，然后再进行完整训练。

③一些运动项目中的战术配合训练，完整训练中，应注意指导学生对整个战术节奏、要点、关键环节的把握。

（五）分解训练法

分解训练，与完整训练相对，是对训练内容进行阶段、环节划分，逐一攻破，逐一精细化地学习与练习的训练。

1.分解训练法类型

分解训练法各方法应用特点见表3-4。

表3-4 分解训练法的分类

分类	训练方法特点
单纯分解训练法	把训练内容分解成若干具体部分，分别练习各部分
递进分解训练法	把训练内容分解成若干具体部分，依次有序练习各部分
顺进分解训练法	训练内容分解后，先训练第一部分，再训练第一、第二部分；再训练第一、第二、第三部分……步步为营
递进分解训练法	与顺进分解训练相反，先训练最后一部分，再将前一个训练内容叠加训练

2.分解训练法应用要求

①科学分解，不能切断不能分割的部分。

②注意学生对各分解部分的细节练习。

③分解训练各部分熟悉掌握后，应进行完整练习。

（六）间歇训练法

间歇训练，"间歇"把控是重点，具体是通过对训练时间的严格规定，来通过训练内容与训练时间的有机结合与搭配，安排各内容与阶段的训练方法。

1. 间歇训练法类型

间歇训练法的基本类型有三种，具体参见表3-5。

2. 间歇训练法应用要求

①根据超量负荷的原理，训练中可提高每次练习的强度，增加练习重复次数和调整间歇时间。

②间歇时间科学、合理。

③训练负荷得当。

④下次训练前，应使机体完全恢复。

表3-5 间歇训练法的分类

分类	训练方法特点
高强性间歇训练法	适用体能主导类速度性和耐力性运动项群的素质、技术及技能主导类对抗性运动项群中的攻防训练
强化性间歇训练法	通过强化间歇来控制训练
发展性间歇训练法	适用减少人数且比赛时间分解成阶段性的连续攻防训练

（七）程序训练法

程序训练法是按照一定的顺序进行的程度化、模式化的运动训练方法。

1. 程序训练法类型

①顺序训练，按照一定规律和标准明确训练程序，依次展开训练活动。

②逆序训练，特定训练目的下进行，很少见。

2. 程序训练法应用要求

①强调训练过程的时序性。

②训练时序性应与训练内容逻辑性融为一体，控制训练过程。

③训练系统化。学生的整个训练过程应是系统、完整、可控的。

④训练定性化。具体的训练内容、方法和步骤应体现出鲜明的定性化特点，解决重点训练任务。

⑤训练程序化。整个训练科学、有序，事先安排好，训练应在严格检查、评定、监督下进行。

（八）变换训练法

变换训练法，重在对运动训练要素的变换，通过变换不同的训练要素来开展训练活动的训练方法。

1. 变换训练法类型

根据可变换的内容与要素，变换训练法常见方法类型见表 3-6。

2. 变换训练法应用要求

①训练通过各种条件"变换"实现，这种"变换"应使学生产生适应。

②初次训练和基础差的学生参与训练，一次训练中变换的要素不宜过多。

表 3-6　变换训练法的分类

分类	训练方法特点
内容变换训练法	技能训练的内容可为技术动作的变异组合，亦可为固定组合
形式变换训练法	变换训练场地、线路、落点和方位等条件或环境
负荷变换训练法	重视负荷强度或负荷量的变换，如降低负荷强度，掌握正确的排球技术动作，形成正确动作定型；提高负荷强度及密度，适应比赛要求

（九）比赛训练法

比赛训练法是以赛代练的训练方法。

1. 比赛训练法类型

体育教学中的比赛训练方法主要有以下几种。

（1）训练性比赛

以训练条件为基础，训练与比赛交叉、同时进行。

（2）模拟性比赛

对事先所了解的各种比赛信息进行归纳总结，组织比赛模拟条件和环境，为正式参赛做准备。

（3）检查性比赛

训练旨在检验学生在赛前训练的训练质量，通过训练，发现不足并改进。

（4）适应性比赛

比赛环境是真实的，通过真实比赛进行训练，提高学生的比赛适应能力。

2. 比赛训练法应用要求

①确保学生具有一定运动基础。

②明确比赛规则，严格按照比赛规则开展。

第三节 符合现代教育理念的体育教学方法

一、现代创新体育教法

（一）探究教学法

探究教学法，也称指导发现教学法，是一种充分发挥学生的能动性的教学方法，体育教学中，在教师有意识的体育教学中，让学生经历教师所设计的各种教学环节，引导学生逐渐发现问题，讨论问题，并处理和解决问题。

探究教学法的体育教学应用有机结合了教师的"教"和学生的"学"两个方面。指导发现教学法主要适用于战术、攻防关系、技术要点教学中，具体应用程序如下。

①学生预习教师所要教授的教学内容时，发现问题。

②教师以指导语的方式改造所授教学内容，并且将一些相关的观察结果和分析的直观感知材料提供给学生，使学生自行解决学习中遇到的困难和问题。

③体育教学中，重视对特定教学环境的建设，使学生在积极探索、研究的过程中获得知识和掌握技能。

④教师进行教学分析归纳总结。

（二）合作学习教学法

合作学习教学法是通过对学生进行分组，使学生以小组形式完成学习任务的教学方法。合作学习教学法有利于学生养成合作和竞争的意识，对于在足球运动中发挥集体协作作用具有重要的帮助作用。

在现代体育运动项目教学中，许多教学活动都需要学生的共同参与，即便是以个人运动技能展示为主的体育运动项目，在运动技能练习过程中，也需要其他同伴的帮助，离不开各参与者的相互配合，因此，通过合作学习不仅能增加学生之间的默契配合，提高学生的合作意识和合作能力，还有助于良好的教学环境和氛围的形成。

（三）多元反馈教学法

新课程标准要求重视学生在体育教学中的地位，重视和谐师生关系的建立，多元反馈教学方法正是强调教师与学生之间在学习过程中融洽与合作关系的教学方法，该方法更加突出师生之间、学生与学生之间进行信息的交流与反馈的及时性，教学过程中，重视通过对学生的积极性、主动性和创造性的激发和调动，促使教学信息的多向传递，促进学生通过系统的知识学习实现自我发展。

多元反馈教学法在高校体育教学中是一种新的尝试，教学中，科学运用反馈教学法应注意以下几点。

①以信息的相互反馈作为主要的线路，并在教学过程中，教师与学生间，学生之间，学生与教材、媒体之间都要做到信息的及时、有效的反馈，这也是提高体育教学效果的关键所在。

②教师要善于及时、准确地捕捉各种反馈信息，并进行整理分析，做出准确的判断，修正教学过程。

③教师应对所反馈信息的正、负影响作出准确的判断，及时地向学生进行反馈，使学生更好地了解自身存在的问题和不足，有针对性地进行改正，有效控制教学过程与结果。

（四）多媒体技术教学法

多媒体技术，即 CAI 技术，是伴随着计算机信息技术的发展而获得发展的，多媒体教学技术应用于教学已经有较长的一段时间，且因其具有可嵌入度以及良好的交互性能深受师生欢迎。多媒体技术的发展使得体育教学的教学手段更加丰富。多媒体技术纳入体育教学更多地应用于体育理论课教学。

相比于传统的教学手段，多媒体技术将体育运动相关录像、图片、flash 等引入课堂教学，综合了学生视觉、听觉、视听综合内容，在包括体育运动在内的体育教学中得到了广泛应用，教学效果良好。

目前，各种教学的多媒体设备、软件日益增多，越来越便携的输出设备，使得学生在需要时可以观看视频或图片，手机、笔记本电脑、平板电脑的出现使得更多的课件可以以此为设备核心展开体育教学。

多媒体教学替代了传统意义的收录机、播音机、手鼓、节拍器等教学手段，体育教学更加智能，并表现出集成性、便捷、生动、立体、交互、实时、长久储存等特点。

就我国高校体育教学现状调查分析来看，多媒体技术教学在我国各级各类高校的应用机会不是很多，这与我国整个体育教学系统中多媒体课件的数量和质量不高、高校体育媒体教室资源和多媒体体育课件资源较少等问题有关。

（五）计算机网络教学法

计算机网络教学，依托于计算机技术和网络通信技术，可以实现体育教学的更加生动、互动与高度交互。计算机网络教学改变了传统教学课堂教学的范畴，计算机网络教学大大拓展了教学的时间与空间。

现阶段，计算机网络教学在高校体育教学中的运用，主要体现在校园教学学习网络的建立。早期的 BBS 由教育机构或研究机构管理，当前许多著名高校的校园网站上都建立了自己的 BBS 系统，通过互联网介入教学。借助于校园计算机网络建设和学生的网络设备利用，可形成多元化的综合性校园体育网络课程教学体系。

和传统体育教学方法相比，在新的依托计算机网络的"教"与"学"的交互平台上，师生之间、学生之间可以利用在线交流、邮件、留言等形式实施互动，不仅有助于降低教学时间与空间限制，还能提高教学维度，优化教学效果。

和多媒体技术教学相比，计算机网络教学更加智能化，教师所使用的教学资料和教学工具都是数字化、集成化的，课程内容以电子教材的形式呈现，网络课程教学过程中，可以实现网络即时模拟讲课、批改作业，在课内教学的基础上很好地解决了教学的延续性问题，师生的交互性更强，充分互动，并突出了针对性、实用性、趣味性，寓教于乐，可以促进学生体育运动学习和教师体育教学的教学相长的良性循环。

当前，我国高校体育网络课程建设尚处于起步阶段，表现出以下教学特点。

①网络课程设计水平普遍较低，教学功能单一。

②在高校体育教学网络课程建设中，突显出"重开发，轻应用，漏管理"等问题。

③校园网络的学校体育教学专区建设不完善，信息不全、更新不及时。

④高校体育网络教学课程课件数量少、质量不高，制作粗糙。

⑤网络课程教师的教学活动缺乏有序组织管理，缺乏线上活动与线下活动的有机结合，师生互动还需要更进一步落实。

二、现代创新体育练法

（一）模式训练法

模式训练法是根据规范式模型进行的训练。和其他训练方法相比，模式训练法主要有以下两个特点。

①信息化，必须先收集到有关该情景、环境、条件的信息，才能进行针对性的训练。

②定量化。训练内容、方法、步骤等应进行定量控制，以便随时调整、完善训练。

（二）动作组合训练法

动作组合训练，是对多个技术动作的综合融合训练，适用于操类运动、球类运动基础技术动作练习。这种训练方法可令训练内容更加丰富、多变。

1. 动作递加法

递加法是通过两个和多个动作连接进行练习的方法。当教会一个动作或组合时，必须及时与前面动作或组合连接起来练习。训练操作如下。

①学练 A，学习 B，连接 A+B。

②学练 C，连接 A+B+C。

③学练 D，连接 A+B+C+D。

2. 过渡动作法

在新动作之前或组合与组合之间加入一个或一段简单易学的过渡动作的练习，操作示意如下。

①学练 A，学习 B，连接 A+B。

②学练 B，学习 B+N。

③学练 A+B+N。

④学练 C，连接 A+B+C+N。

⑤学练 D，连接 A+B+C+D。

3. 动作组合层层变化法

层层变化法是把原有的组合中每次按顺序只改变一个动作，使之过渡到另一个动作组合的方法。操作示意如下。

①学练动作 A，动作 B，动作 C。

②改变动作 A 后，学练动作新 A，动作 B，动作 C。

③改变动作 B 后，学练动作新 A，动作新 B，动作 C。

④改变动作 C 后，学练动作新 A，动作新 B，动作新 C。

（三）信息化虚拟训练

信息化虚拟训练，具体是指通过信息技术创新虚拟训练环境，注重运用现代生物力学技术与计算机技术模拟视觉效果，在虚拟的情境中进行体育训练活动。例如，篮球战术训练中，模拟 CBA 或国际比赛环境，运用 3D 游戏场景引导学生在 VR 眼镜下进行战术感知；蹦床训练中，在虚拟蹦床比赛场景下促进学生进行高精度的蹦床训练，实现多维判断。

第四节 高校体育教学方法的创新与发展

一、高校体育教学方法发展趋势

（一）多元化

体育教学的复杂性决定了体育教学方法的多元化发展：体育教学发展至今，已经有了许多教学方法，随着体育教学在未来的不断发展，也必然会出现更多的体育教学方法。

体育理论知识体系和运动技能内容丰富，技战术复杂、体育教学系统的多元化都在客观上要求体育教学方法的多样化与多元化，单一的教学方法是无法实现教学目标的，新课程改革的开展与深化也要求必须创新教学思路与方法，体育教学课上不能咬死几种教学方法。体育教学方法的多元化能为体育教师的体育教学提供多种选择，进而实现体育教学更加科学的组织与开展。

现代体育教学中，随着新课程改革的开展与深化，综合考虑多方面影响因素，争取教学方法的多元化优化创新是体育教学发展的必然趋势。

（二）现代化

科学技术的发展为人们的生活提供了便利，在教育领域，新技术的应用对新的教学模式、教学方法的创新也提供了技术支持。教学设备的现代化是体育教学的重要表现之一。随着体育教学的各项技术逐渐发展，其教学方法也必然呈现出现代化的发展趋势。

现代教学技术在体育教学中的运用，对体育教学起了非常大的作用。它改变了体育教学的方式，使体育教学变得更加方便，高效。让体育课变得更直观、更生动、更有趣，使学生在愉悦的环境中感受体育文化，学习体育课程。通过先进的现代化设备，教师能够对学生的身体素质进行更加深刻的了解，并能够更好地制订运动训练的负荷量。在教学管理方面，能够对学生的学习和生活提供更加便捷的服务。而体育理论教学中，多媒体、计算机软件等的运用，使得体育教学更加生动形象。

在科技发展迅速的大环境下，科学技术的进步对其教学方法的影响是极其深远的。多媒体技术教学、移动通信教学、网络教学等诸多新的具有现代时代特点的体育教学方法的优化创新，充分吸收了现代的先进科技，为学生的体育学习提供更加快捷、生动、形象和立体化的教学情境，符合当下学生的学习习惯与需要，也经过教学实践证明确实优化了教学效果。

（三）民主化

民主化教学是现代体育教学改革中所提倡的一种新的体育教学思想，民主化的体育教育有两个方面的要求，其一，体育教育面向全体学生，每一个学生的体育参与都是民主的；其二，在体育中呼吁体育教学中的师生民主，体育教学的民主化是大势所趋。

（四）合作化

现代体育教学实践中，只运用一种教学方法不可能完成整个教学，这就需要对多个教学方法进行综合使用，这就是体育教学的合作化。

体育教学方法的合作化，是体育教学方法的重要创新策略，目前，自主学习、合作学习等推崇民主教学的教学方法已经在我国高校得到广泛应用。极大地促进了教学目标的完成和学生的全面发展。

一方面，注重学生合作的教学方法选择，有助于培养学生的体育合作意识，是实现对学生的体育学习的社会性能力培养与发展的科学有效途径，能更好地通过教学活动组织实现体育的社会性教育功能。

另一方面，多种各具特点的体育教学方法的综合运用，可以最大限度地发挥不同体育教学方法的优势，多种不同特点教学方法的优化合作，不仅能够有效地提高学生的技战术水平和知识，还能够在学生的品德方面有着更着重的培养，更有利促进于学生技战术的学习和提高，能培养学生的合作意识和良好意志品质。是对多元体育教学方法的一种"优势放大"，有利于体育教学效果的完善和教学质量的提高。

（五）个性化

体育教学中的教学方法面向的是全体学生，但不同的学生之间存在各种差异，这就需要体育教学方法在选用过程中也应突出个性化，体育教学的方法应随着学生各方面的变化（学生的时代特征、个性差异）而进行适当的调整。个性化的教学方法改革和创新对于学生和社会的发展均具有重要的意义，能真正实现每一个学生都能有所发展和进步。

传统体育教学过分强调教师对教学的指导，教师的教学活动忽视了学生个体之间的差异性，学生的体育学习比较被动。

新时期，随着现代高校体育教学改革的不断深入与发展，再加上现代社会越来越注重学生个性的发展，学生的个性发展得到学校教育的重视，同时，在新的体育教学理念的推动、新的科学技术在体育教学中的应用，现代体育教学中的体育教学方法的个性化发展成为了可能，并具有了科学化的操作路径，能促进体育教学中的学生个性化教学。

（六）心理学化

体育具有多元教育功能，促进学生的心理健康发育是体育教育的重要教育功能之一，体育教学中的教学方法选择应为体育的心理教育功能的实现服务，体育教师在体育教学方法中应重视学生心理塑造，正确引导学生，培养学生体育健身意识、促进学生的良好体育道德、体育意志品质、体育精神和体育行为的养成。

心理学理论在体育教学中的应用对于实现体育教育教学促进学生身心健康发展具有重要意义，为体育教学方法重视学生心理建设、发展提供了启发，通过科学的心理学理论指导，教学方法选用开始更多地关注学生心理，能使体育教学方法更符合学生的心理发育特点和心理活动特点，有助于有针对性地选择合适的体育教学方法，更好地激发学生的体育学习的积极性与主动性。通过影响学生心理来组织和实施体育教学，能更好地实现体育教育教学，更进一步促进学生身心健康发展。

（七）最优化

不同教学方法各有优点，针对具体教学内容、教学对象特点，教师应善于甄选出最佳的教学方法。

具体来说，教学方法的最佳应充分考虑两个方面：教学方法创新发展必须重视教学方法优化策略中的系统性和操作性；体育教学方法的优化发展应充分考虑教学方法的实操性和实效性。

二、高校体育教学方法的科学选择

高校体育教学方法的科学选择依据主要有以下几个。

（一）依据教育理念选择

教学理念对教学方法选择有重要指导作用，教学方法的选择应以最新体育教学理念为指导，具体要求如下。

①现代体育教学强调素质教育，强调学生的身心健康全面发展。体育教学方法选择应体现"以人为本"，促进学生体育参与学习过程中的"健康第一"，并有利于提高学生的体育学习与参与积极性，促进学生的"终身体育"参与。

②体育教学方法的选择应体现出学生在体育教学中的主体地位，激发学生的积极性与

主动性。

③体育教学方法的选择应重视教学活动中对学生的体育意识、体育能力的培养，为学生走出校门、走向社会继续参与体育奠定知识与技能基础。

（二）依据教学目标选择

教学目标、任务不同，教学方法的选择不同。体育教学目标是科学选择体育教学方法的重要依据。

依据体育教学目标选择体育教学方法，要求如下。

①从体育教学的总体目标要求出发，保障每次课的教学目标和总体教学目标都能实现。

②充分考虑教学媒体的选用能否实现本次课的教学目标，结合目标应用不同教学媒体，选择不同方法。

③教学方法要充分考虑具体教学活动安排所要实现的每一个小的教学目标，如为让学生巩固技能，教师应多采用练习法、比赛法等；为了教会学生学习新技能，教师应多采用讲解、示范、分解、模仿练习等教学方法。

④现代体育教学总目标是"促进学生体魄强健、身心健康"，所有教学方法的选择都应该以此为标准，不能偏离这个标准而只考虑短期的教学目标实现，短期教学目标的实现也是为长期教学目标的实现服务的。

（三）根据教学内容选择

体育教学内容丰富，不同的教学内容向学生展示，需要使用到不同的教学方法才能呈现出最好的教学效果，在体育教育教学系统中，教学内容、教学方法，是两个重要的系统构成要素，二者之间具有密切的关系。因此来说，教学方法选择必须充分考虑教学内容。操作要求如下。

①选择体育教学方法，应充分考虑体育教学内容的方便实施，如技术动作教学，应采用主观的示范法；原理教学，应采用语言讲解教学法。

②选择体育教学方法，应充分考虑教学内容的表现方式，通过哪种教学技术能更好将教学内容呈现给学生，最大限度激发学生的学习兴趣，就选择哪种最适宜的教学方法。如图片展示更直观便捷，还是多媒体教学展示更生动细致，这些都需要教师综合教学内容与表现形式综合考虑。

（四）依据学生特点选择

学生是体育教学的对象，教学活动开展不能离开学生，否则教学就没有任何意义。对于体育教师来说，体育教学方法的科学选用是为更好地促进学生体育学习服务的，所以在具体的教学方法选择中应重点考虑学生的特点。

在体育教学中，科学选择体育教学方法，既要考虑学生群体特点，还要考虑学生个体特点。具体来说，根据教学对象特点选择教学方法，应重点关注以下两个方面的工作。

①科学选择教学方法，就学生群体特点来说，要抓住某一学生群体的共性，科学选择能涵盖学生这些共性的、有针对性的体育教学方法。如低年级学生应多采用游戏方法教学，高年级学生多采用探究、发现法教学。

②就学生个体特点来说，关注不同学生的个体差异，针对不同学生采用不同的教学方法。

（五）依据教师条件选择

体育教师是体育教学组织者、指导者，是体育教学活动安排者，也是体育教学方法的选择者、实施者，因此，教学方法选择应充分考虑教师相关条件，要求如下。

①体育教学方法选择，应考虑该教学方法是否能使得具有一定的素质水平、知识结构、教学能力与经验的教师能科学、有效实施，充分发挥出教学方法的优点。

②体育教学方法选择，应充分考虑是否符合教师的教学风格、性格特征。

③体育教学方法的选择，教师应考虑自身的本次课教学目的与课堂控制。

总之，体育教学方法的选择过程中，教师应认真审视自己，根据自己的实际特点来选择合适的教学方法，以便于扬长避短，使教学方法选择更具针对性。

（六）依据教学环境与条件选择

在整个体育教学活动开展过程中，体育教学方法的选择应考虑到整个教学活动所涉及的教学因素，其中，客观教学环境与条件是应重点考虑的因素，教学方法的科学选择应该能够以这些必要的教学要素为依据去选择。

具体来说，教学环境包括场地器材、班级人数、课时数等，同时，外界的社会文化环境也对教学环境具有重要的影响。体育教学条件则涉及体育教学的硬件条件、软件条件等。

在体育教学活动开展过程中，体育教学环境与条件是不以人的主观意志为转移，对教学方法的选择具有重要影响，体育教师要选择哪一种教学方法，应关注这些客观教学环境因素的影响，充分考虑如果选择和实施某一种教学方法，有没有实施这种教学方法的必要的客观环境和条件的支持。

三、高校体育教学方法的优化创新

（一）教学方法的优化策略

科学的体育教学方法优化创新，应注重教学方法和教学现实的深入分析，充分了解不同教学方法各自的优点，针对具体教学内容、教学对象特点，教师应善于甄选出最佳的教学方法。对教学方法的合理运用是科学组织与实施体育教学的重要前提，也是体育教学方法优化创新的前提。

体育教学方法的科学化优化操作，具体要求如下。

①在实际的体育教学方法优化创新过程中，必须重视教学方法优化策略中的系统性和操作性。

②严谨的系统性能使教师对教学有着非常好的整体把握，更强的操作性则能够帮助教师更加方便地执行教学方法。

③教学方法将优化应用于具体教学实践，体育教师应重视对教学方法产生的效果进行跟踪了解，可通过学生的学习反馈收集、整理、分析教学方法使用效果的反馈信息，并对教学方法做出优化调整。

（二）教学方法的组合创新

教学方法的组合创新是现代体育教学方法优化组合的必然趋势和要求，具体是指以合作学习法为基础来进行教学方法的优化创新。从本质上讲，教学方法的组合也是对原有教学方法的一种优化措施。

随着社会的飞速发展，体育教学方法不断创新，传统教学方法不断完善、新的体育教学方法不断出现，高校体育教学中，体育教师应对教学方法当中的各优势要素进行组合创新运用，以最大限度地发挥不同体育教学方法对体育教学的促进作用。

第四章 高校体育教学模式创新

第一节 高校体育教学模式的概述

一、高校体育教学模式的建构与应用

(一)体育教学模式的概念

我们把体育教学模式的概念定义如下：体育教学模式是蕴含特定体育教学思想，在特定教学环境下实现其特定功能的有效教学活动结构和框架。教学模式是对教学经验的概括和系统整理，教学实践是教学模式产生的基础，但教学模式不是已有的个别教学经验的简单呈现。同时，教学模式被看作是沟通理论与实践的桥梁，既能用来指导教学实践又能为新的教学理论的诞生和发展提供支撑，其在两者中起中介的作用。根据对教学模式的认识，与其他学科教学相比，体育教学是一个比较复杂的教学过程。它与学习过程、游戏过程、训练过程等有着密切关系，因此，认知的规律、身体锻炼的规律、技能形成的规律、竞赛规律等都是体育教学过程中必须遵循的规律，体育教学模式必须反映这些方面的特点。

(二)体育教学模式的特点和功能

体育教学模式的特点：

①整体性。教学模式是由教学思想、教学目标、操作程序、实现条件、评价五个要素构成的有机整体，必须从整体上把握其理论原理。

②简明性。教学模式是简化了的教学结构理论模型，被称为"小型的教学理论"。

③操作性。教学模式区别于一般教学理论的重要特点即它的可操作性。

④稳定性。体育教学模式的确立，实际上标志着新型的体育教学过程结构的确立，既然是结构就必然有相当的稳定性。

⑤开放性。一种教学模式形成以后并不是就一成不变了，而是要在实际的操作过程中不断加以修正、补充、完善，使其针对性和应用性更强。

体育教学模式的功能：

①中介功能。体育教学模式的"中介"功能是指它既是一定的体育教学指导思想、体育教学相关理论的具体体现，又能为体育教师提供具体的操作程序和操作策略。教学模式是教学理论研究和教学实践之间的一座桥梁。

②调节与反馈功能。实践是检验真理的唯一标准，根据具体的教学条件、环境和具体的教学指导思想而安排的体育教学模式最终要受到实践的检验。

（三）体育教学模式的建构研究

近年来体育教学理论有新的突破性进展，如何对在不同教学思想指导下的各种教学方法、教学策略进行比较、剖析，选择适当的教学方法进行教学，从而达到教学效果的最优化成为当今体育教学改革的一个重要任务。建构一种教学模式需要有一定的规范和基本要求。从它的形成过程看，既包括了理论通往实践的具体化过程，也包括了体验通往观念的概括化过程。因此，它既不同于目标和理念，也不同于一般的工作计划。它相对稳定但又变化多端，形成了模式多元化、多样化的局面。

新型体育教学模式的特征：近年来，由于人们对教学模式的普遍关注，在各级各类书报、杂志上出现了各种各样的体育教学模式，有的还在探索实验阶段，有的甚至只是改头换面地搬用了其他教学模式，这是在教学模式过程研究中不值得提倡的。

构建新型体育教学模式体现以下几个方面的特性：

①新颖性、独特性。体育教学理论、教学思想是体育教学模式的灵魂。

②稳定性、发展性。稳定性是教学模式形成的一个重要标志，对于一个成熟的教学模式而言，都必须有相对稳定的理论框架和操作程序。

③多元性、灵活性。多元性、灵活性是当前教学模式研究和发展的一个主要趋势。

因此，在构建新型课堂教学模式时应注重统一性与灵活性相结合，建立多元的新型课堂教学模式。

体育教学模式构建的基本要素：

①教学目标。教学目标是教师对教学活动在学生身上所能产生效果的一种预期估计，是进行体育课堂教学设计、进行体育课堂教学活动的出发点和归宿。教学目标既要考虑到学生智力因素的培养，又要考虑到学生非智力因素的培养。

②操作程序。成熟的教学模式都有一套相对稳定的操作程序，这是形成教学模式的本质特征之一。设计由易到难，由简到繁，由基础到综合的教学程序，既可以适合不同水平的学生，又能激发学生体育兴趣。

③实施条件。任何一种教学模式都不是万能的。有的只能适合某一类课型，有的适用几种不同的课型。不可迷信某一种单一的教学模式，应适当变更、调整教学模式，发挥自己的特长，为己所用。

二、我国新型高校体育教学模式的建构

（一）新型体育教学模式的理论基础

1. 新型体育教学模式的现代课程论基础

①体育课程目标实现多元化。体育课程目标不仅把增强体质、提高健康体质作为首要目标，而且注重培养学生体育文化素养，同时强调学生个性和创造力的培养，并主张结合体育课程内容的特点，把道德教育和合作精神的培养融合在体育教学过程之中。在时间上，通过体育课程，不但要完成学生在学校期间体育知识的传授和技能的培养任务，还要培养学生对于体育的能力、兴趣、习惯，为其终身参加体育活动打下基础。

②课程内容注重学校体育主体需求。随着社会的发展，学生对体育的需求呈多元化态势。课程内容只有满足了学生需要，才能激发学生兴趣，形成稳定的心理状态，实现终身体育。一是要重视传授终身体育所需要的体育知识，主要包括体育基础知识、保健知识、身体锻炼与评价知识等。二是竞技运动项目的教材化。

现代体育课程论与新型体育教学模式。20世纪60年代以来课程理论出现两次世界性的变革：一是学科中心课程论。二是人本主义课程观。我国体育课程的体质、技能、技术教育思想正是学科中心课程观在体育课程中的反映，至今仍影响着体育课程的改革。①新型体育教学模式的目标取向。教学目标受课程目标影响，没有新的课程目标就不可能有新的教学目标。新型体育教学模式的目标不仅要求有运动技能目标，还有情绪、态度、能力、个性等目标。②新型体育教学模式的价值取向。重视全体学生全面发展和个性培养相统一。学生发展离不开体育学科内容的学习，学生通过体育学习发展自己。③新型体育教学模式的教学设计思想。课程的问题中心设计模式是新型体育教学模式设计的模式基础。问题来源于学生的发展需要和教学内容的需要。在教学设计中，要让学习者作为一个完整的个体参与到教学中来，让学习者在解决问题中，学习掌握学科内容。

2. 新型体育教学模式的现代教学论基础

教学论有许多流派，如探究发现教学理论、情意交往教学理论、认知教学理论、建构教学理论等。下面简要列举一些对建构新型体育教学模式有支撑作用的观点。建构主义教学观认为，教学的目标是充分发展学生的主动性、自主性和创新性，教学目标之一是培养

"能够在现实的生活世界中应用知识的能力"。用通俗的话说，就是学会学习，并能调控自己的学习。

建构主义与以往的教学理论相比，更加突出表现三方面的重心转移：从关注外部输入到关注内部生成，从"个体户"式学习到"社会化"的学习，从"去情境"学习到情景化的学习。

现代教学理论与新型体育教学模式：纵观各个教学理论流派的观点，其共同之处，便是对"主体性"的追求。其中，学生的自主性主要指学生的自我意识与自我能力，包括学生的自尊、自爱、自信、自决、符合实际的自我判断、积极的自我体验和主动的自我调控等。创造性是学生在主动性和自主性发展到高级阶段的表现，它包括创造的意识、创造的思维和动手实践的能力。教师的教是外因，学生的学是内因，外因通过内因起作用。教学中尊重差异，才能使教育恰到好处地施加于每一个学生，才能发挥学生的主体作用。

（二）新型体育教学模式的性质与设计

1. 体育教学模式的基本属性

根据对各种先行研究的归纳，提出体育教学模式的几个基本属性：即理论性、稳定性、直观性和可评价性。

（1）理论性

指任何一个比较成熟的体育教学模式都必定反映了某种体育教学指导思想，都是一种体现了某个教学过程理论的教学程序。

（2）稳定性

一个体育教学模式的确立实际上是一个新型的体育教学过程结构的确立，既然是结构，就必然有相当的稳定性。

（3）直观性

直观性也可称为可操作性，任何一个新体育教学模式的建立，都意味着它和以往的任何体育教学模式是不同的。这就使人们可以根据其特定的教学环节和独特的教程安排来判断是不是属于此种教学模式。

（4）可评价性

所谓可评价性是指任何一个相对成熟的教学模式确定，必有着与其整个过程相应的评价方法体系。因此任何一个教学模式都应可以对实施这个教学模式的教师给予明确的教学评价，这不仅仅是对该教师对教学模式理解程度的评价，也是对教师参与、认识和学习能力进行系统评价。

2. 新型体育教学主导模式的设计思想

在实践中可以发现，发挥学生主体性的教学，特别是自我意识的形成，总是从他控到自控，从不自觉到自觉，从缓慢提高到自我监控的飞跃。在学习过程中，教师应引导学生学会树立自己明确的可行的学习目标，帮助学生制订切实可行的学习计划，反馈和调整计划的行为使之成为自觉，创造条件提高学生自我检查和评价的能力。新型体育教学模式应具备如下特征：①在教学指导思想上，将把社会需要的体育和大学生需要的体育结合起来，以实现体育教学中满足社会需要与促进学生个性发展的和谐统一。②在教学目标上，将围绕着21世纪对人才培养需求，大学生身心特点等，加强对学生能力的培养。③教学程序中，逐步融入运动目的论的思想，让学生充分体验运动学习中的乐趣；引导学生充分理解和参与学习过程；改变过去教师统一化、被动性、机械性的做法；在教学方法上，以主体性教学观为视野，提供个别化和个性化的教学方法；在教学评价上，将以学生生动活泼的学习、个性充分发展、兴趣习惯能力养成、主要学习目标的达成等为基准。

（三）体育教学模式整体优化研究

1. 体育教学模式整体优化的原理和原则

系统科学整体优化原理：按照系统科学理论的思想和观点，任何事物、过程并不是各自孤立和杂乱无章的偶然堆砌，而是一个由各个部分组成的合乎规律的有机整体，而且它的整体功能要大于各部分功能之和。

体育教学模式整体优化的原则：

（1）整体性原则

用整体的观点考察体育教学模式，有助于我们在教学实践中科学地把握体育教学模式的结构和活动环节。

（2）综合性原则

体育教学内容的执行和体育教学目标的实现均建立在优选的体育教学模式基础上才能完成。

2. 体育教学模式整体优化的内容

影响体育教学模式结构的因素很多，包括教学思想、教学内容、教学程序、教学方法、教学条件等因素，在诸多的因素中选择了教学内容作为逻辑起点与突破口，对多元体育教学模式进行优化。

（1）根据不同教学思想优化体育教学模式

体育教学思想是制订体育教学模式的灵魂，不同的体育教学思想赋予了具体教学模式生命力，使教学模式有了明确的方向盘，最终去完成它预期的目标。为使教学思想条理化、明确化，使之从整体上符合学校体育指导思想的大方向，根据教材内容的不同性质，把它分类为精细教学型内容、介绍型内容。因此这类教材的教学模式应选择情感体验类模式和体能训练类模式为主，让学生在无技术难度的宽松条件下，一方面发展身体素质，加大运动负荷，可选择训练式教学模式、自练式教学模式等；另一方面通过快乐学习、成功学习，体验运动的乐趣，可选择快乐体育教学模式、成功体育教学模式等。

（2）根据单元教学不同阶段优化体育教学模式

在精细教学类内容中，大纲规定了各个项目的学时，以确保各个运动项目单元教学任务的完成，并使学生能熟练掌握几项运动技能。在单元练习的最后一个阶段中，由于学生基本掌握所学的运动技能，应进一步重复练习和巩固并注意动作的细节问题，因而在此阶段应以选择能力培养模式等为主。

（3）根据不同的外部教学条件优化体育教学模式

体育教学的条件分为两类：第一，固定的一些硬件；第二，不固定的硬、软件。

（4）根据学生基础优化体育教学模式

教师是教学活动的主导，学生是教学活动的主体，主导与主体因素构成了体育教学活动的主要因素，因而在选用教学模式时，也要考虑到师生的具体情况、具体特点。

第二节 合作学习体育教学模式

一、合作学习教学模式概述

（一）合作学习教学模式的概念及原则

1. 概念

合作教学是一种与权力主义、强迫命令的教学观相对立的一个新的教学观。合作教学实验的显著特点是：从尊重学生的人格与个性出发，建立新型的师生关系，将学生在游戏中固有的自由选择和全身心投入的心态迁移至教学过程中去，从而在师生真诚的合作中实现教学目的。

2. 基本原理

①教学过程的发展性原理。合作教学认为，每个学生都具有无限的潜力和可塑性，教

学与教育能最大限度地发挥学生的潜能。

②教育过程的人性化原理。合作教学提出教师要做到以下三方面以保证人性化的贯彻与实施：第一，热爱学生；第二，使学生的生活环境合乎人性；第三，在学生身上重温自己的童年。

③教学过程的整体化原理。教学过程就是要发挥学生的自然力与生命力。

④教学过程的合作化原理。在现实社会中，常常会发生学生希望成长，但也想玩；愿意学习，但不想失去自由，因此教师就要做到与学生合作并从学生的立场出发组织教学。

3. 方法

合作教学需要有一种能激发学生兴趣的师生关系和一套能鼓励学生自愿参加教学活动的方法。具体方法如下：

①教会学生思考。教学中，教师可以采用在学生面前一边出声地思考，一边解题，让学生耳闻目睹教师的思维和解题过程；或教师应该鼓励学生怀疑、反驳、论证此课题。

②"夺取"知识。合作教学认为，教师不应把知识填入学生的头脑，而应当与教师"夺取"知识，并在这种"搏斗"中体会成功的快乐。

③充分利用黑板。合作教学认为板书是师生双方交流的主要手段。

④学习后面语言。

⑤说悄悄话。说悄悄话是课堂提问的一种特殊方法。答案对与错，由教师给予奖励、安慰等评语，有利于保护学生的积极性与自尊心。

⑥由学生当老师。合作教学认为，教师应当像演员一样，在教学中与学生一起做游戏，使学生感到自己从事的是自己愿意干的重要事情。

（二）合作教学模式的理论依据

人本主义教育思想强调"以人为本""以学生发展为中心"，重视人的个性需要、价值观、情感、动机的满足，从满足主体生存需要的角度来发展学生的潜能。人本主义教育思想在学科教学中体现的就是主体性教学思想，在教学过程中充分发挥学生主体作用，最大限度地调动学生的自觉性、积极性、创造性。体育是"人"的体育，是人类文化的积淀，也是人类精神的乐园。体育学习是学习者认识自我这个主体尤其是对自我身体运动的认识，主动变革其身心的特殊的认识和实践过程。

学校体育为终身体育奠定基础的体育思想：该思想强调学校体育要为人们的终身体育服务，要为终身体育打好身体、技能和兴趣与习惯等基础，学会自主学习和锻炼，具有自主学习、自主锻炼和自主评价的能力等等。认为运动兴趣和习惯是促进学生自主学习体育和终身坚持体育锻炼的基础，体育教学应基于参加者的需要、兴趣等。因此，培养学生的自我体育意识是实现终身体育的核心问题。

自主学习、合作学习的理念。无论有无他人的协助，一个人或几个人都能主动地诊断自己的学习需求，建立学习目标，确认学习所需要的资源，并评价学习成果，这种方式便是自主学习。合作学习，是指在自主学习的基础上，学生在小组或团队中为完成共同的任务，有明确的责任分工的互助性学习，合作可以产生更多的灵感，获取更大的收益，得到更好的体验。体育学习正需要自主、合作的学习方式，由于学生存在着身体、技能、兴趣和爱好等的异同，体育教学应给学生更多的自主、合作学习的机会，让学生学会自主地、生动活泼地与同伴合作学练体育，最终达成学习目标。

构建的方法：依据人本主义教育思想、终身体育思想和自主、合作学习理念，我们运用演绎法建构了自主—合作体育教学模式的过程框架，然后通过在高校公共体育课和高中体育课教学中进行试验、修正，逐步完成体育教学模式的构建。

二、合作体育教学模式运用与检验

（一）适用范围与教学原则

1. 适用范围

我们认为自主—合作体育教学模式需要学生具有较强的自我控制和自我管理的能力，根据体育教学要适应学生身心发展规律，我们利用自身教学的有利条件，在高校公共体育课和中学体育课教学中进行了实践，确定了自主—合作体育教学模式最适合的范围是高中生和大学生的体育课。

2. 教学原则

教学原则是保证教学效果的基本要求，运用自主—合作体育教学模式除了应遵循一般的体育教学原则外，还应把握以下原则：

（1）自主性原则

教师应尽量设法提高学生学习的自主性。

（2）情感性原则

自主—合作体育教学模式更应重视情感教学，教师富有人情味的教学，可以促使学生更自觉地趋向学习目标。

（3）问题性原则

教学必须带着问题走近学生，问题设计要针对学生的实际，要科学地动用教育学、心理学的理论分析课堂教学的各组成因素。

（4）开放性原则

主要包括三个方面，一是课堂教学形式要有开放性，二是课堂问题设计要有开放性，三是由点到面，由此及彼去解决学习问题。

3. 运用自主—合作体育教学模式应注意的问题

①教师要有足够的耐心和勇气。刚开始运用不懂得如何进行自主学习、合作学习，表现出茫然、不知所措，不适应这种教学模式，这是很正常的。教师的耐心就表现在教师要敢于"浪费"时间，以足够的耐心和勇气指导学生逐渐学会自主、合作学练体育。

②关注学生已有的经验，重视问题情境的创设。学生的已有经验是影响自主合作学习的重要因素之一。一般地说，上课伊始应创设一些与学生已有经验相近的"问题"或"情境"走近学生，进行一些相对简单的身体活动、思维活动，再把"问题"不断引向深入，促使学生在练习中思考。

③精选和改造教材内容，激发学生学习兴趣。因此，如何精选和改造教材内容以激发学生学习兴趣，需要我们任课教师下大功夫去研究。

④学会做一个积极的观望者，适时适当地介入学生的活动。自主合作体育教学模式强调的是学生自主学习、合作学习，但"自主"不等于教师不引导，不参与。因此，教师如何做一个积极的"观望者"，适时适当地介入和指导学生的活动，既不能过多地干扰学生的学习过程，又要能在学生需要指导和帮助时发挥你的作用，这是非常重要的。

（二）合作体育教学模式的意义

首先，"合作学习教学模式"以尊重的教育理念为指导思想，符合现代教学理论的基本要求，其实验研究从时代特征和学生的特点出发，具有一定的现实意义。

其次，"合作学习教学模式"有效地利用系统内部的互动，使教学资源得到开发和利用，提高了学生的参与意识。改变以往传统教学中"讲解练习"的教学模式，利用组内成员的互帮互学，可以使学生产生愉快的心理体验，从而养成终身锻炼身体的习惯。

"合作学习教学模式"鼓励学生一起去达到目标，增加同学之间的交往，有效利用竞争与合作，培养学生的集体责任感和荣誉感。

构建大学体育"自主探求、学教互动"能力型教学模式是大学体育课程特殊性的要求。大学体育"自主探求、学教互动"能力型教学模式充分体现了"以学生为主体，以教师为主导"教育理念，是学生主体与教师主导的相互作用而建立起来的稳定的教学活动程序。以体育俱乐部制为组织形式、以小组或团队合作为学习方式，以运动态度为重点的体育形成性考核方法是实现大学体育"自主探求、学教互动"能力型教学模式的基本形式。

第三节 多媒体网络体育教学模式

一、体育网络课程概述

（一）概念

什么是体育网络课程，至今，体育教育界并没有一个统一的概念。体育网络课程除了要考虑课程建设的一般要求外，还要考虑教育信息的传播方式发生改变而产生的教育理念、教育模式、教学方法等的诸多变化。

（二）体育网络课程的特征

1. 运动动作图像化

受体育专业教学方式的影响，直观教学作为体育专业传授技艺和学习技能的重要手段之一越来越被重视。体育网络课程资源开发的过程中，教师可以通过对运动数据的捕获、生理化和心理数据的采集，图示化训练效果分析，提高体育网络课程资源的有效性及其质量。

2. 图像动作仿真化

从运动技术这一视角来看，运动成绩要获得提高或者突破就必须在运动技术研究方法学上完成两个转变。运动技术仿真是要通过虚拟现实技术再现学生的技术动作、诸细微环节、教师的训练意图以及训练过程。

3. 动作仿真微格化

随着计算机辅助教学技术的进步，体育教学的一个重要内容是讲解技术动作的分解变化过程、与技术动作相关的步伐或姿势变化过程、集体项目战术配合中的练习者位置及运动线路变化过程等。

体育网络课程特征的具体表现形式：

①技艺性。从当前人们对体育课程的学科性质与特征所持的基本共识可以知道，体育课程是通过身体活动进行教学和教育，是一门"技艺性"的学科。在授课之前，教师要让学生看懂并理解图中的动作，初步建立动作概念，学生通过看图并想象各种技术动作，使学生头脑中的技术动作形象更加逼真。

②动态性与非线性。动态性是指体育网络课程的学习内容是及时更新的、可生长的。非线性是指体育网络课程的内容结构方式是非线性、超链接的，这是由 Web 本身的特性所决定的，非线性的信息表达方式有助于培养学生的联想式、发散式思维。

③多维性与多元性。多维性是指体育网络课程内容表现形态的多维性。

④整合性。

（三）体育网络课程的目标

课程目标是课程开发的起点和归宿，它直接影响整个课程的设计、开发方向，决定着课程的实现与收效。体育教学论网络课程的目标就是要结合体育学科本身的特点、教育目标、培养目标、学生特点以及社会需求而制定。第一，使学生掌握体育教学基本规律，指导其当下的专业学习以及今后的体育教学实践工作；第二，使学生把握体育教学的基本要素，客观地认识体育教学本质；第三，使学生掌握体育教学方法，提高教学技能；第四，推动体育教学研究。

二、体育网络课程开发模式及其管理

（一）体育网络课程开发理论基础

1. 体育教学设计论

体育教学论网络课程的开发，只有坚持体育教学设计论，才能有效地依照体育教学的原则，通过体育教学目标设计、体育教学方法和手段的设计达到体育教学论网络课程教学的最优化。

2. 建构主义学习理论

建构主义学习理论认为，学习者应在一定的情境中获得知识，以"学"为中心进行学习环境设计。因此，它要求教师在依据建构主义学习理论进行课程开发与实施的时候，强调和注重情景、问题、学习资源、协作、互动、交流、引导等支持自主学习的教学策略的设计，设计多元而又富有个性的学习内容和学习方式。

3. 人本主义学习理论

人本主义学习理论认为学习不是刺激与反应间的机械联结，而是个人潜能的充分发展，是自我的发展，是一个有意义的心理过程。因此，体育教学论网络课程开发在坚持建构主义学习理论的同时也必须注意到人本主义学习理论对体育教学论网络课程的影响，重视以学生为中心，重视创设真实的问题情境和协作学习模式，让学生充分获得自己想要的体育知识，实现自己的潜能。

（二）体育网络课程开发一般原则

1. 科学性原则

体育教学论网络课程开发是一个庞大的系统工程，它涉及面广，影响大，因此其科学性原则要求相当高。主要体现在两方面：一是体育教学论网络教学内容的科学性；二是体育教学论网络课程平台的科学性。

2. 开放性、协作性与交互性并举原则

能让教师方便、及时地对课程的体系和内容进行调整和更新，首要的问题就是实现其开放性。技术的开放要求其设计者留有必要的技术接口以备技术升级；内容的开放要求教师调动多方面的积极性，充分利用教学资源对体育教学论网络课程不断充实、完善。从网络课程开发的层面来讲，一个强大的网络课程体系，不可能依靠某一个教师来完成，它要求课程开发者协调工作，积极地参与到建设过程中。协作性观念提出的同时也对交互性提出了要求，教师通过交互可以使他们更全面、更及时地了解各个层次学生的学习情况，及时调控自己的课程教学；通过交互学生可以选用不同的路径、不同的方式进行自主学习。开放的体育网络课程为体育网络课程体系搭建了一个平台，在这样一个平台中通过协同工作，多向互动，充分实现师生之间、学生之间和人机之间的信息交流，使体育课程教学成为一种多向的信息流动过程。

3. 可持续发展的原则

高校体育网络课程出现开发各自为政、教师盲目开发、学生用之寥寥、课程开发流于形式等不良现象，亟待我们本着可持续发展的战略思想，用科学的理论消除上述的不良现象，带动体育网络课程开发的进一步发展，最终实现体育网络教育的可持续发展。

（三）体育网络课程的开发流程及教学设计

1. 体育网络课程的开发流程

目前，网络课程开发，大体分为两种模式：一是教师课题组模式，二是商业公司制作模式。前者只注重了从教学设计上开发网络课程而忽略了网络课程的开发，后者只注重教材、教案的网上"搬家"，缺乏对先进的教学设计思想、有效教学内容的组织及丰富教学活动的实现。因此，需要体育教学论网络课程开发流程提出一种既考虑软件工程设计思想，又考虑体育教学设计原则以及教学支撑环境的开发模式。

2. 体育网络课程的教学设计

体育教学论网络课程教学设计的好坏决定了整个课程质量的高低。体育网络课程能有

效克服传统体育教学设计的弊端，突出以"学"为中心，强调和注重情境创设、协作、互动等支持自主学习和协作学习的体育教学策略设计，使教学设计在整个体育网络课程的教学过程中发挥前导和定向功能。只有把教师主导作用的发挥和学生主体地位的体现有机地结合，才能有效地达到体育网络课程所要达到的"主导与主体结合"的教学设计思想。

3. 体育网络课程实践教学的设计思想

体育网络课程实践教学设计贯彻围绕课程内容，将理论运用于实践，将实践提升到理论的思想。在理论课的教学中，我们也改变过去由体育教师一言堂的教学形式，运用现代教育技术手段，采取多种实践性教学模式，如参与讨论的模式、案例教学模式等。

4. 体育教学论网络课程支撑环境的整体设计

体育网络课程支撑环境是指支持体育网络教学的软件工具、教学资源以及在网络教学平台上实施的教学活动。因此，体育网络课程教学支撑环境的设计是体育网络课程开发的一个最重要环节。

5. 体育教学论网络支撑环境中的各子系统功能

体育课程管理子系统包括课程介绍、电子教材、网络课件、授课教案、授课录像、课程资源收集六个部分。课程的内容要以知识的逻辑关系或认知规律为线索构建知识系统，要以学生为主体进行优化配置。

讨论答疑子系统包括BBS、邮件和留言本，这一子系统的设计目的在于发挥教、学两方面积极性，活跃气氛和鼓励创造性思维的发展。作业、习题管理子系统是为教师检查学生对教学内容的理解而设计的学生在线完成的习题，可即时得到成绩，同时计算机会自动将学生做题情况发给教师，及时向教师反馈每个学生的学习情况，教师根据作业完成情况，提供必要的作业答疑，以方便学生理解和掌握。远程考试子系统包括题库、试卷自动生成、评分和试卷分析四大模块。试卷必须在确定体育课程知识点的结构基础上，让计算机按一定的题型、难度系数和区分度，合理地生成试卷。最后一个模块是体育网络课程的功能设计，主页面上采用导航按钮或导航图标，章节导航采用下拉菜单的形式，这样设计的目的在于方便学生在各个页面或各个知识点之间实现跳转。

（四）以过程为基础的体育网络课程质量管理体系的构建

1. 体育网络课程质量管理体系构建的基本理念

体育网络课程质量管理的基本理念需要从开发与管理两个层面看。同时，由于课程开发的民主化，课程的开发才不至于是某个教师，或者学校某个部门的事情，这就必须以质量为本，坚持全员、全过程质量管理理念。

课程决策民主化的基本理念：课程决策可以界定为在一定的人才质量观指导下，为达到一定的教育目的（主要是人才的培养目标），在一定的信息、知识和经验的基础上，依据一定的人才培养模式，选择或确定一个合理的课程体系构造方案的分析、判断、决策的活动。因为，体育课程内容包括了知识、经验和身体练习三个要素的资源——知识资源、经验资源和身体练习资源。体育网络课程开发决策民主化，意味着发挥参与开发团体、学生以及利益相关方的作用的管理策略，课程的决策分享由统一化走向多样化，其实质在于权力分享以及与之相应的责任分担，保证体育网络课程开发过程中，众多权利主体广泛参与，以期更好地发挥体育网络课程的功效。体育网络课程开发的决策过程应该是民主的，应该遵循体育网络课程初步定向、价值评估、征求师生、家长和专家意见等必要的民主程序，尊重学校的独特性、师生的差异性，突出学校的课程特色，使之满足学生的学习需求，发挥学校的体育教育资源优势。当然，民主决策的过程中也要体现一定的集权理念，这样才能使体育网络课程有标准化的组织结构、管理方法与管理程序。

以质量为本的理念：市场的竞争归根结底是质量的竞争，企业的竞争能力与生存能力主要取决于它满足社会质量需求的能力。我们要想在体育网络课程这片领域站住脚，并得到发展，那就必须把质量放在第一位，走以质量求生存、求发展，以特色取胜的内涵式发展道路。体育学习内容的选择实际上是一个根据教学目标对各类运动素材分析判断的优选过程。总之，我们认为，从体育网络课程的运动素材、教学目标、价值的判断、典型性分析、实施条件、学习内容，这一系列的内容都应该体现出以质量为本的理念。

全过程管理理念：任何产品或服务的质量，都有一个产生、形成和实现的过程。也就是说，要保证课程的质量，必须从立项开发到最后的交付都要质量管理，要把质量形成全过程的各个环节或有关因素控制起来，形成一个综合性的质量管理体系，做到以预防为主，防检结合，重在提高。这就要求体育网络课程在开发过程中，必须防止不合乎质量要求的各个过程流入下道工序，并把发现的问题及时反馈，防止再出现、再发生。

2.体育网络课程质量管理体系构建的基本原则

以学生为关注焦点，组织依存于顾客。这里所说的组织即学校，顾客即学生。在标准中，以学生为关注焦点原则体现为一个完整的管理过程：确立以学生为关注焦点的经营理念，将这一理念传达到课程开发及其他相关方面，识别并确定学校的目标顾客，识别、分析学生的需求并制定学生满意目标，调查学生满意度及实现目标情况，分析改进，识别学生新的需求并进入下一个运行体系以循环。

领导作用：领导者确立本组织统一的宗旨及方向。他应该创造并保持使员工能够充分参与实现组织目标的内部环境。由于领导者是课程开发的最高管理者，管理层是课程开发的决策层，对课程开发制订正确的发展规划、落实各项质量措施、协调和控制各开发部门的工作职能与活动有重要作用。

全员参与：各级人员都是组织之本，只有他们的充分参与，才能使他们的才干为组织带来收益。也就是说，在体育网络课程开发的过程中，以教师为主体，形成由校长、教师、学生共同开发课程的合作共同体。因此，我们在建立质量管理体系过程中，要结合各岗位的工作职能，将体育网络课程的质量目标进行分解，将每个环节的工作流程编写成相关支持性文件，直接规范到每个岗位的工作行为。

3. 体育网络课程质量管理体系构建的基本策略

体育网络课程开发质量管理的策略，应该从学校组织与课程开发本身两个层面来看待。首先，从课程开发的本身来看，坚持整体规划与分步推进相结合的策略。其次，力求使体育网络课程质量管理制度化、标准化、文件化；再者，强调对体育网络课程质量管理的持续改进，建立一个自我完善和改进的机制。从项目开发组来看，必须坚持整体规划与分步推进相结合策略，按照体育网络课程软件生命周期与体育网络课程开发进程进行。

整体规划与分步推进相结合的策略：

（1）系统分析

系统分析是体育网络课程软件开发过程中必不可少的两个环节，它为高质量体育网络课程软件平台的开发奠定了基础，其目标是将课程应用系统的需求转化成实际的物理实现。

（2）运用策略

首先，简单—复杂—简单。分析经常要经历简单—复杂—简单的过程，前一个简单表现为分析人员认为简单。要提高体育网络课程开发的质量，也必须运用这样的策略，首先整体设计，然后分布设计，最后再综合设计。软件复用技术：新开发的课程软件，要从一开始就考虑其可演化性，以便以后的再工程和构建提取。

体育网络课程软件生命周期与体育网络课程开发流程结合的开发策略：

（1）全员参与、全程管理的策略

学校通过对教职员工进行全员培训和骨干培训，使每位员工了解学校体育网络课程的质量方针与目标，熟悉自己的岗位职责和工作程序。

（2）标准化、文件化策略

体育网络课程质量管理的其中一个重要的问题，就是要依托一个科学、合理、精干、高效的组织结构，用文件化、制度化和标准化的管理模式，完善有效的职责管理、资源管理、课程实现并努力实现持续改进，最终建立体育网络课程质量管理体系。依靠这种文件化、制度化和标准化的管理方式，不断在开发实施中完善，提高其质量。

（3）自我完善与改进并举的策略

学校必须在组织体制、运行机制、人员素质、体育网络课程开发与实现等方面进行改进。

4.体育网络课程项目开发的质量管理流程

体育网络课程项目的质量管理是一个系统的过程。体育网络课程项目质量管理步骤分析：依据体育网络课程项目生命周期，从立项、计划、实现、交付四个部分来谈课程开发的质量管理。

（1）立项管理

体育网络课程项目的立项管理包括了立项流程、管理要求以及记录的文档。项目评审——通过项目的可行性分析研究，确定项目是否立项。以湖南师范大学为例，体育网络课程的申报主要是选择在体育学院连续开设三年以上，建设基础较好、学生受益面较广的课程。立项前期由课程项目负责人与学生进行沟通，以明确对体育网络课程的要求与期望；项目启动阶段包括项目计划的制订、系统开发环境与运行环境的确定，项目团队的计划和组织、各种合同的签订等一系列项目开发前的准备工作和基础性工作。总之，立项阶段要根据学校对体育网络课程的质量方针来制订课程的质量计划，涉及从项目立项到项目结束各个阶段的质量保证活动，计划一定要做到细致全面，涉及项目开发的每个阶段，每一个任务，每一个过程。

（2）计划管理

体育网络课程项目计划管理大体上可以由以下几种计划组成：项目开发进程计划；项目变更控制、配置管理计划；项目质量计划；项目集成计划；测试或确认计划。项目的质量计划针对项目开发的全过程，规定由谁做，何时做，应该使用哪些程序和相关资源的文件。质量计划是经过工作分解结构得来的。

（3）阶段管理的要求

体育网络课程项目实施阶段，应该及时填写项目周报、追踪项目进度计划、提交工作量统计、汇总部门工作量统计。在这个阶段，还应该充分利用配置管理，进行配置管理监控。

5.体育网络课程质量管理体系的策划

体育网络课程质量管理体系策划在学校尚未建立质量管理体系而需要建立时，或虽已建立却需要进行重大改进时，由学校最高管理者根据学校所处的外部环境、内部资源以及未来的体育网络课程发展的方针与战略，制定体育网络课程质量方针与质量目标，并规定必要的运行过程和相关资源以实现体育网络课程的质量目标。体育网络课程质量体系策划，要求明确学校、学生及其相关方的要求和期望，建立质量方针和目标，分析和建立内部运作流程，明确内部、外部顾客的概念，并在运作中转化和分解顾客要求。

6. 体育网络课程质量管理体系的过程方法

质量管理体系方法的说明：质量管理体系方法是为帮助组织致力于质量管理，建立一个协调的、有效运行的质量管理体系，从而实现组织的质量方针和质量目标而提出的一套系统而严谨的逻辑步骤和运作程序或方法。体育网络课程质量管理体系方法的逻辑步骤是首先分析学生的需求和期望，建立学校对体育网络课程的质量方针与目标；确定实现质量目标必需的过程和职责，提供实现质量目标必需的资源，规定测量每个过程的有效性和效率的方法，并应用这些测量方法确定每个过程的有效性和效率。

质量管理体系过程方法的引入：体育网络课程质量管理体系采用过程方法，按项目管理的方式，从立项管理、计划管理、阶段管理一直到最后的交付，确保各个阶段影响过程质量的所有因素。其优点在于对过程系统中单个过程之间的联系以及过程的组合和相互作用进行连续的控制，体现其目标定向性以及预防与持续改进的原则。过程方法的运用：

（1）识别过程

首先要突出主要过程，并对其进行重点控制，这对体育网络课程质量管理来说尤为重要。其次是要将主要过程分解为较简单的小过程。

（2）制定执行过程的程序并落实职责

要使过程的输出满足规定的质量要求，必须制定执行过程的程序。同时，任何一个过程都必须规定由谁去"做"，而且这种规定必须严格执行，对各相关部门责任人执行规定的结果应当进行适当的监督、检查。

（3）控制并改进过程

控制的目的是为防止运行的过程出现异常。改进过程主要是针对过程中存在的不足，通过测量和分析来发现问题，并采取措施来解决，达到持续改进的目的。

第四节 高校体育教学模式的发展

一、体育教学模式的发展

（一）体育教学模式的目标趋向情意化

社会的变革、科技的进步对人类的生活和身体产生了很大的影响，比如心理素质、身体素质、社会适应能力等。在实施素质教育的进程中，要以培养学生的创新意识和体育能力为重点，要通过改变教师的教育理念、教学方法、教学内容和教学评价等方面来灌输新的体育教学思想。现代教学理论研究和教学实践活动都已表明，学生的智力因素与非智力因素在他们的学习活动中都有着积极的重要作用。现代教学模式改变了传统的教学活动中片面强调智力因素的作用。以此来培养学生的自立性、情感性和独创性。使教学过程具有复杂、新奇、趣味等特征，学生在一种浓厚的兴趣、强烈的动机、顽强的意志状态下学习和掌握体育知识技能，更能激发学生求知的内驱力，有很强的情意色彩。

（二）体育教学模式的形式趋向综合化

教学模式形式趋向综合化的意思是说体育教学模式向课内课外一体化发展。课内的主要任务是学习一些新的知识点，改进一些错误动作，因而要充分利用课外的时间，加强强化练习、过渡练习，复习与巩固已学的知识与技术，经常锻炼，才能把运动技能上升为熟练化、自动化。虽然目前来说体育课是受到重视的，但课外体育活动却名存实亡。

从教学模式角度而言，目前由于对课外体育活动的不重视，这方面教学模式的研究也显得很薄弱。它在教学实践中还很不成熟，具体的操作模式也不够明确，因此我们暂没有把它列入现有体育教学模式的体系中。

（三）体育教学评价体系更加注重"三维"的综合评价

所谓"三维"综合评价就是指在评价体育教学效果时，不仅从生物学角度评价其提高生理机能的效果，还要从心理和社会的角度来评价体育教学的效益。评价方式由单纯的定性或定量方法转变为把定性和定量综合起来，在重视他人评价的同时，也重视自我评价；评价的内容也由单纯的对学生的评价转变为既评价学生的学又评价教师的教。通过改革评价体系，可使学生乐于接受评价，并积极参与评价。

传统的教学模式只重视终结评价的作用，忽略了学生学习和练习过程中的评价，因而学生的学习兴趣、爱好、情感反应都得不到反馈和体现。因而体育教学模式在当代，逐渐地摆脱了单一的终结评价方法，开始重视学生的学习过程评价、学生的自我评价、单元评价等等。

（四）教学方法更加灵活，注重学生主体性的发挥

大多传统体育教学模式中教师是课程的被动执行者，学生也只是被动地接受，而未来的体育教学模式程序中教师是主动的决策者和建设者，是学生学习的促进者和合作者。尊重学生的自我选择，教师指导学生自订目标、自我评价，逐渐培养其自学自练及创造性思

维和相应的体育能力。

（五）体育教学模式研究的精细化

理论研究的目的是指导实践研究，同时也起到总结实践的作用。目前大多的理论研究仅止于此，因此造成了许多低水平重复的极大浪费。理论研究与实践研究的结合必然是一条必经之路，一方面，教学模式的研究同任何理论的研究趋势一样，必将从一般教学模式研究走向学科教学模式研究。另一方面，课堂教学模式的研究又趋向精细化。尤其是有关中小学体育教学模式的理论与实践研究将会得到很好的重视。精细化是教学模式研究的必然趋势。

二、我国体育教学模式分析

（一）体育教学模式分类

1. 运动技能传授模式

运动技能传授模式是一种以运动技能教育观为指导，以运动技能的形成规律和认知规律为主要依据设计教学过程结构的模式。在目标方面，主要是传授体育的基本知识、基本技术和基本技能，通过"三基"的传授来完成体育教学的各项任务。

2. 运动技能传授为主、身体锻炼为辅的模式

运动技能传授为主、身体锻炼为辅的模式是以"全面教育"的体育教育思想为指导，构建教学过程结构的一种体育教学模式。教学目标是运动技能的传授和身体锻炼。

3. 发展身体素质教学模式

这种模式是在教师的指导控制下，学生进行各种身体素质练习，并规定负荷与休息的交替，以发展学生身体素质为中心的一种体育教学活动体系。指导思想以发展学生身体素质为主导，遵循学生生理和心理活动起伏变化规律和负荷与休息合理交替的规律。目标是发展学生身体素质，增强学生体质。

4. 培养体育能力教学模式

这种模式是在教师的引导下，通过学生的自我探索尝试，以培养学生体育能力为主导的体育教学活动的策略。指导思想是在教师的引导下，通过学生的自我探索、自我练习和发展，来培养学生的自学、自练、自评、自控能力和互帮互学等各种体育能力。目标为培养开发学生各种体育能力，为终身体育奠定基础。

5. 发展学生个性教学模式

这种模式是从不同年龄学生的兴趣出发，采用多种教学内容、方法、手段和组织形式，

以发展学生个性为核心的体育教学活动的策略。目标是通过丰富多彩的体育教学活动,来生动活泼地发展学生个性,为培养个性充分发展的现代人服务。

(二)体育教学模式在运用中的注意事项

现代体育教学模式本身也是一种课的类型,是突出某种教学思想的课的类型。因此,在实际应用中应注意以下几个问题。

①必须结合实际应用,各个地区、学校的实际情况总是存在这样或那样的差别。

②结合体育教学目标选择体育教学理论,确定切入点。因此,体育教学模式研究要恰当选择教学模式的类型,既要找准切入点,又要标新立异。

③把握体育教学模式的框架,把握体育教学模式研究的要素、特性、功能。

④体育教学模式选择的指向性。

⑤体育教学模式的综合应用。在素质教育的要求下,综合运用体育教学模式,必须首先考虑体育教学目标和确定评价的方式。

需要指出的是,我们不是为了模式而研究体育教学模式,体育教学模式的最终归宿是应用于体育教学实践,这是其生命力之源泉。找到两者的最佳契合点,对解决当前体育理论与实践脱节的问题至关重要,我们应该共同为之思考和努力。

第五节 高校体育翻转课堂教学模式

一、翻转课堂教学模式概述

翻转课堂教学模式,是让学生在课前通过观看教学视频或课件等方式的学习资源,通过课堂师生互动讨论解决问题,课后反馈总结评价的过程。翻转课堂是一种全新的"混合式学习方式"。

随着我国高校体育教学改革的不断深入,旧有的体育教学模式已不适应未来社会发展对人才的需求,体育教学模式也在不断得到创新和研究。体育教学作为一门实践性很强的课程,与其他学科相比具有特殊的专业特点。翻转课堂教学模式的出现,正好为体育教学模式的构建提供了一个思路。随着教育信息化的发展,教学理念的更新,教学手段与教学方法也越来越多样。例如，近年越来越受教育工作者和学习者青睐的翻转课堂教学模式。在翻转课堂中，教师根据学生在线学习的情况，因人而异地对学生实施个性化教学。基于翻转课堂的教学资源更不受教师、学生和学习时空的限制，能极大实现对有限教学资源的高效利用，使学生可以在线感受名家名师的授课，从而提高课程教学效率和质量。翻转课堂教学模式越来越受到广大教育工作者普遍关注和日益重视。

（一）翻转课堂教学模式的理论依据及目标原则

教学模式是在教学思想和教学理论指导以及一定的教学理念的引导下建立起来的各类教学活动的基本结构或框架，通常包括理论依据、教学目标和原则、教学与学习程序、实现条件与教学资源、教学效果评价等要素。

在理论依据方面，以翻转课堂"先学后教"思想为基础，重视教学活动中学生的主体性和学生对教学的参与。依据大学体育教学的特点，通过视频学习吸收理解联系，不懂再视频回顾，从实践强化到学习掌握的过程，这样反复的循环过程塑造有效行为目标。

在教学目标和原则方面，体育教学主要目标是巩固和提高大学生在中小学体育教育阶段构建的体育锻炼思想、习惯和能力，从而更好地引导和教育学生主动、积极、科学地锻炼身体，掌握现代体育科学中的基本知识与技能。

教学与学习程序方面，以优质视频资源和交互学习社区为基础的基于 MOOC 翻转课堂体育教学模式的基本教学程序可以设计为：预习教学内容—有针对性地观看教学视频讲解、示范—激发学习动机、发现学习问题—课堂讲授新课、接受教师、同伴评价—通过拓展资源完善、扩展知识与技能结构，通过反复练习实践加深理解和加强训练效果。

从实现条件与教学资源来看，近年来高速发展的 MOOC 平台和互联网的普及为翻转课堂体育教学模式提供了良好的实施条件，因此需要教师根据课程与教学内容自己设计与制作，其基本内容可以包括首先教学内容和动作演示讲解视频，理解性地练习，实践性的课余训练活动，实践训练的摄像记录视频，专题性的研讨问题等一系列问题。教学效果与评价：基于 MOOC 的翻转课堂体育教学模式的实施对激发学生学习体育的兴趣，培养学生自主学习、发现、分析、解决问题等综合能力和技能的提高，以及适应社会发展的自主学习能力和相互合作能力的培养具有积极作用。教师要及时掌握反馈信息并根据所获情况进行适当引导，鼓励并充分调动学生的学习积极性，因材施教地针对不同学生进行讲解和教学。对学生的评价，也应该注意大学体育教学不同于其他文化课程，不能简单地以考试成绩作为其学习好坏的衡量标准，"健康第一"作为学校体育教育的指导思想，必须要把

"健康"标准贯彻到体育考试环节。指导学生加强体育教育认识，养成体育锻炼习惯，构建与体育教育目标相适应的人性化测试。

（二）实施翻转课堂的意义

1. 翻转课堂的内涵与发展

翻转课堂是将课堂中的一些知识，简单制作成教学视频发布到网络上，让学生在家里看视频，目的是解决部分学生因缺课跟不上教学进度的问题。可以说这样的上课形式颠覆了传统的教学模式，能够充分调动学生的主观能动性。

在翻转课堂教学模式的逐步普及的过程中，各国的教育工作者也根据本国的实情对其内涵和实施过程进行了拓展、延伸与发展。这有利于激发学生潜在的求知欲望，发展学生深层次认知能力，实现教师与学生之间、学生与学生之间的实时交流与互动。

2. 在大学体育教学中实施翻转课堂教学模式的意义

学校体育工作的中心是体育教学，而体育教学又包括体育理论知识教学和体育实践教学两部分。体育实践既是大学体育教育的重要组成部分，是激发学生热爱体育的直接方法，也是体育理论检验的基本手段，更是体育教育目标实现的关键要素。对传统体育理论课教学理念的误解和大学课堂时数的限制以及大学体育教师在课堂教学上表现手法的缺失，种种原因造就了目前大学体育理论课堂教学的尴尬地位。一方面，这样的教学过程方法单调，内容也相对陈旧而缺乏新意。另一方面，不能因材施教。对于悟性较高者熟悉的讲解、示范，他们会感到乏味而失去兴趣，这必然会导致部分学生掉队，部分学生却"吃不饱"，难以激发学生学习兴趣的现象。

首先，翻转课堂突破了传统课堂时空和固定教师的限制，解决了一些学生由于某些原因不能接受课堂教育，或者不能及时领悟课堂教学内容的问题；其次，翻转课堂构造的学习社区加强了教师、学生、教学内容和教学、学习资源之间的相互作用、相互联系；最后，在翻转课堂中，教学过程基本上能够实现教学中倡导的因材施教与分层次教学，学生能充分发挥其在学习过程中的主观能动性和得到具有针对性的指导，有效地提升了课堂互动的数量与质量。正因为翻转课堂的这些优势与特征，翻转课堂的体育教学模式能够较好地解决由于教学时间限制、教学资源有限的问题，并解决课堂教学中掉队和"吃不饱"学生两方面的问题，也为树立终身体育教育思想的贯彻提供了保障。

二、翻转课堂教学模式应用与实践

（一）翻转课堂的模式构建

体育教学翻转模式的构建与一般翻转课堂模式相似，包括课前学习资源的制作准备、学生自主学习、课中知识内化、课后总结评价几个阶段。

1. 课前学习资源准备阶段

教学目标是教学活动的实施方向和预期达成的结果，是一切教学活动的出发点和最终归宿。在课前，教师根据教学大纲、计划明确教学目标和任务。在教学过程中不断修正新的教学目标，使课前、课中、课后形成一个完整的、协调的、相互联系的整体三维目标。通过信息技术将技术动作的概念、要领、方法及技术原理等制成 PPT 演示文稿。综合利用演示文稿和视频等手段将教学内容形象地表现出来，按照教学步骤和程序制成学习资源上传网络平台。同时，要注意翻转课堂教学内容的体系要完整，组织结构要合理，要根据学生的认知水平和要求，选择恰当的教学素材，并根据教学内容的结构特点进行合理的加工和处理。

对于示范动作难度比较大或难以直接进行分解示范的动作，可以通过二维或三维动画技术并辅以用力方向、用力大小、运动轨迹等图示及文字说明将其生动具体地展示出来。依据教学单元的计划安排，由浅入深、由易到难合理组织每个教学环节，让学习者在不浪费大量时间的前提下，学习掌握理论知识。翻转课堂教学模式需要学生具有自主学习、发现问题和解决问题的能力，更需要学生积极主动地参与到课前新知识的学习中来。对技术动作概念、要领、方法及技术原理等理论知识进行学习，通过对知识的理解，借助想象法对技术动作有一个大概的理解和认识。学习过程中，要主动发挥发现问题和解决问题的能力，及时发现疑难问题，通过查阅网络资料解决一些力所能及的问题。对于课前学生对学习新技术动作的渴望和热情，不可避免地会出现有些学生积极主动地去练习。为避免缺乏体育教师的检查和指导，出现错误动作形成错误动作动力定型，要求学生在自行练习中要适当，以小组和结伴的形式进行，在充分观看了解教学视频示范动作的前提下，检查指导，锻炼和培养发现问题和纠错的能力。对于一些较难掌握的技术动作，通过"虚拟系统"不断地练习，帮助学生提高对技术动作的理解和认识，也能够保证在场地器材难以满足的情况下进行练习。

2. 课中知识内化阶段

课中应是学生提出问题、教师答疑解惑，并通过具体的身体练习形成运动技能，使知识内化的阶段。通过课堂学生间的讨论和教师交流互动，解决遗留的疑难问题。课堂上，教师放置好数码摄像机，对教学过程进行全程摄像。按照问题提出的类型或按兴趣、伙伴朋友关系、基础和水平、性格等进行分组讨论和交流。针对探究活动，要创造性地设计好、组织好课堂探究和课堂讨论，引导学生在对话交流和合作中发展自我。对难以解决的问题，鉴于学生通过课前学习对学习内容有了一定掌握和理解，能够形成正确的思维，教师要辅以提示帮助，以便使学生更容易解决。待解决完学生课前所遇到的疑难问题后，按学生运动技术水平进行分组，实施分层教学，区别对待。同时，引导学生们积极展开思考，探寻错误动作产生的原因，让学生纠错的同时，理解错误动作产生的原因。另外，对运动技术掌握较好的同学，可以指导其尝试进行讲解示范，使学生在练习中，不但会做，而且会教，打破传统体育教学中只追求运动技能形成的单一模式。练习结束后，教师带领大家讨论在练习过程中遇到的问题和练习心得，总结课堂练习中存在的主要问题，为下次课的实践练习提供参考。

3. 课后反馈评估阶段

课堂结束后，教师将数码录像制成视频文件，然后上传到网络平台，提供给学生观看。针对课中练习时出现的错误动作，学生参与练习的态度、练习的效果等问题，进行总结评价，及时与学生进行沟通交流。同时，学生在课后还需学会写学习体会，根据课堂上对所学知识的理解和探讨进行总结，将自己在课堂上的讨论和练习过程中动作技术的掌握进行反思与评价。通过网络平台、QQ 群或微信等创造协作学习的环境和空间，形成一个有效的师生教学活动的"闭环通路"。

（二）高校体育教学翻转课堂模式的应用及实践

基于高校体育教学翻转课堂模式的构建，将高校体育教学翻转课堂模式应用于运动项目技术动作的教学中。翻转课堂可以有效地提高教学效率，激发学生学习的热情。

翻转课堂教学模式培养了学生自主学习、探究学习和合作学习的能力，有力推动了体育教师专业水平的提高。翻转课堂教学模式拓展了学生的学习空间和时间，加强了师生间、学生间的交流和互动。翻转课堂模式使学生学习时间、空间更自由了，随时随地都能够进行学习。翻转课堂提供了交流互动的平台，解决了同教师间的交流和互动，以前害羞面对面的直接交流，网络平台的交流互动不需要直接面对老师，害羞感没有了，自信心也增强了。因此，翻转课堂模式为师生间构建了一个协作融合的学习空间和环境。学生可以在学习知识的广度和深度上自由控制，从而加强了对理论知识的理解和掌握。

翻转课堂教学模式有效提高了学生的理论知识水平及实践能力，强化了理论知识和技能的融合与内化，有效提高了教学效果和教学质量，根据学生的学习情况和需求制订有效的教学计划和内容。用合作式、探究式等学习方法，有效地强化了对理论知识的学习和掌握。因此，通过对比分析，实验班在理论知识、技术评定、达标考试以及综合评定方面均明显优于对照班。

高校体育教学翻转课堂模式的构建突破了传统体育教学模式中存在的问题。网络平台的构建，也拉近了师生间的关系，让师生在任何时段都能够得到有效的沟通和交流，以"环路"的方式始终贯穿于课前、课中、课后整个过程，形成了协作融合的学习环境。翻转课堂被誉为"影响课堂教学的重大技术变革"。翻转课堂模式中学习资源的制作、网络平台的交流互动、学生实践练习的"虚拟系统"等，每一个环节的构建都得需要教师业务能力的提升、学生的学习适应能力和软硬件条件做保证，只有多重并重，方可实现其在高校体育教学中的真正融入。

第五章 高校常见运动项目训练

第一节 高校游泳体能训练

一、一般力量训练

在游泳运动中，力量是主要的身体素质，重视力量是现代游泳训练的显著特点，陆上和水上力量训练已成为游泳的重要内容之一。

（一）游泳运动的肌肉力量特征

游泳运动所处的水环境，其密度比空气要高达八百多倍。人体在水中运动时就需要克服比空气大得多的阻力。这就需要在每一次划水中，参与运动的肌群要有足够的力量产生推进力，从而获得游进速度。因此，肌肉力量成为制约游泳速度的重要因素之一。

游泳者在游泳时，手臂与腿肌肉收缩的支撑点也各不相同。手臂划水和蛙泳蹬腿主要是以远端支撑为主的运动，而打腿动作则是以近端支撑为主的运动。游泳力量的特征和性质，是设计游泳力量练习方法和手段以及设计游泳力量练习器械的主要依据。

研究游泳运动时肌肉和肌群的工作情况，了解游泳姿势、各种游泳动作肌肉参与和工作的情况，以及准确判断各肌群的训练水平，有利于我们科学地制订游泳计划，有针对性地发展游泳原动肌群，以获得良好的锻炼效果。

在进行力量训练时，发展原动肌（起主要作用的肌肉）的力量和力量耐力是训练的重点。原动肌，是指在游泳中参与产生推进身体前进的动力而做功的肌肉群。

（二）影响力量训练效果的因素

在游泳运动中，影响力量训练效果的因素主要包括两个方面：一是生理因素，是从肌肉生理特点出发，通过训练"改造"，使肌肉收缩处于理想状态，有利于增大和发挥肌肉力量；二是练习因素，是从训练学角度，研究刺激方式、强度、时间等练习因素的变化、组合，最大限度地提高力量训练效果。

1. 生理因素

（1）肌肉生理横断面

尽管肌肉生理横断面是影响肌肉力量大小的主要因素，但在游泳力量练习中，要注意适度而有选择地增大肌肉体积。

（2）肌肉初长度、温度

肌肉初长度和温度是发挥肌肉收缩效果的前提条件。肌肉初长度（在生理范围之内）和温度适宜，可使肌肉纤维处于生理生化的最佳激活状态从而提高肌肉的收缩效果。因此，在力量训练前要充分做好准备活动，使肌肉发热，并结合柔韧练习，使肌肉进入"工作状态"，以帮助提高力量训练效果。

（3）肌纤维的百分比

在游泳运动中，力量训练要根据专项力量的特点来选择练习形式、方法与手段。游泳力量训练会因不同距离对力量训练的要求不同，而使肌纤维百分比构成发生适应性变化，但丝毫也没有改变游泳时力量的基本特征。

（4）参与活动的各肌群间协调用力

发展游泳练习者的肌肉力量可通过以下两种途径进行：一是通过增加负荷重量提高肌肉力量；二是通过提高用力时各肌群间的协调性来提高肌肉力量的发挥水平。

（5）年龄及生长发育特点

仍处于发育期的青少年大学生，其力量训练受年龄和生长发育的影响较大，因此，在练习中不宜过早安排专项力量和重力量训练，力量训练的比重也不宜过大。根据青少年的生理特点，生长发育上的差异也影响着力量训练的安排。形态好、体质弱、身体素质相对差一些的学生，力量训练比例要大一些，可通过力量训练来提高其专项能力。

（6）兴奋性集中程度

兴奋性集中程度影响参与工作肌纤维的数量。游泳的重力量训练就是最大限度地提高肌肉收缩效果和肌肉最大力量。

2. 练习因素

所谓练习因素，是指在力量训练中施加肌肉收缩负荷的条件。在游泳力量训练中练习因素影响力量训练的效果及力量转换为游泳牵引力的转换率。

游泳力量训练练习因素主要包括力量类型、负重量、重复次数、动作方式、动作速度、力量训练组织形式等。

(1)力量类型

力量类型的划分是依负重量、持续时间和力量性质确定的。按负重量、持续时间分类，力量类型有最大力量、力量耐力、爆发力三类；依力量性质区别有一般力量和专项力量。目前力量训练的分类已延伸到以能量代谢分类。肌肉在不同负荷下工作所表现的力量与肌肉代谢密切相关，从能量代谢角度进行力量分类和安排力量训练，是游泳力量训练的新途径。

(2)负重量

负重量是力量训练的强度，以极限力量负荷（一次最大限度的负重量）为100%来确定各类力量训练的负重量百分比。极限力量负荷值受力量练习的动作方式影响，不同动作方式的阻力臂长短不同，所表现的机械功率也就大相径庭，如游泳极限拉力值与极限举重值就有很大的差别。因此，确定负重量百分比要考虑动作方式。在水上力量训练中，负重量的增减是通过调节水中阻力来解决的，如改变划水掌、脚蹼大小，改变阻力衣、牵引衣等的阻力系数，动作难度等。

(3)重复次数

在力量训练中，重复次数和负重量的关系是数量和强度的关系，一定的强度对应一定的重复次数。游泳拉力力量训练的重复次数，以往主要考虑与拉力负荷的比例关系，现在游泳训练理论认为，与专项力量训练结合的拉力练习，应符合专项运动项目能量代谢的特征。因此，重复次数要与专项项目分段距离的动作次数结合。同样，力量练习组数也应以发展专项力量能量代谢特征为目的来进行设计。

(4)动作方式

动作方式，是指在力量训练中完成练习的动作姿势。游泳力量训练的动作方式设计要从两个方面考虑：一是针对发展游泳主要肌群选择和设计力量练习动作；二是针对发展游泳专项力量性质选择和设计力量练习动作。一般的力量训练，其动作方式可根据游泳运动的特点而选择屈、伸、外展等动作来完成各类力量训练负荷。专项力量训练则要选择符合游泳动作的要求，对专项力量极其有用，并且动作相似的练习，如持哑铃或负重做移臂动作练习时，要求完成练习的动作要接近技术实质，在拉力类力量训练和水中力量训练中，所采用的动作方式应尽可能直接采用比赛完整动作进行。

(5)动作速度

动作速度的快慢反映了力量训练中对动作频率的要求。动作速度受重量的影响，在负荷重量不变的情况下，单个动作的时间影响力量训练的类型。快速动作力量训练发展爆发力和快速力量，而慢动作和静力力量训练，发展绝对力量和力量耐力。以比赛动作频率控制力量训练,也成为游泳专项力量训练的新的手段。单个动作速度还影响肌肉力量发展的性质,不增长肌肉重量提高力量,每个动作1.5~2.5秒;增长肌肉重量提高力量,每个动作4~6秒;发展专项力量,动作速度应与比赛动作频率相一致。

(6)力量训练组织形式

力量训练的组织,是力量训练过程中练习顺序安排和采用的练习形式的统称。组织在力量训练中虽不是影响因素的主要内容,但对力量训练效果却有一定的影响。设计好力量练习的组织形式,可以保证力量训练的安全,激发学生练习热情。游泳力量训练的组织形式主要有单人、分组、循环练习三种。练习形式主要有组合力量练习、固定任务、比赛和游戏法三种。

(三)一般力量训练的方法

一般力量训练主要是通过陆上各种举重练习,提高游泳训练者的一般力量水平。一般力量训练应围绕游泳运动特点,发展符合专项要求、有助于专项力量训练水平提高的肌肉力量。游泳一般力量训练要在动作方式、重量、重复次数与组数等训练因素的选择上,着眼于游泳技术动作和各环节技术对力量的要求。游泳常用的一般力量训练方法有哑铃练习、杠铃练习、实心球练习、克服体重练习等,这些统称为负重练习法。

1.负重练习法

(1)哑铃练习

练习方法:哑铃练习是发展小肌群力量的一种有效练习方法,负重训练采用轻哑铃器械,有助于全面发展游泳的专项力量。哑铃练习方法有模仿杠铃动作,也有根据哑铃的特点发展游泳专项肌群(大小肌群)的力量。如两手持铃侧平举,发展三角肌力量;两手持铃仰卧平举,发展胸部肌群力量;两手持铃俯卧平举,发展背部肌群力量等,还可以结合游泳技术进行训练,发展专项力量。

练习负荷:哑铃练习负荷应根据个人力量水平选择哑铃重量,一般以每次练习不少于8~10次,每次3~6组为宜。

(2)杠铃练习

练习方法:杠铃练习要针对发展游泳专项工作肌群的力量,设计和选用练习姿势和练习方法。游泳力量训练常采用的杠铃练习方法主要包括:提铃下蹲、俯卧提铃、卧推、屈前臂、头上屈伸前臂、体后提铃、手腕屈伸、负重下蹲等方法。

练习负荷:练习负荷要根据力量训练的目的、任务和要求安排与组合,使练习负荷的作用方向同力量训练的目标一致,才能保证力量负荷的定向化、专项化和个体化。

（3）徒手力量练习

徒手力量练习有助于利用自身体重发展力量，其特点是练习方便，对场地器材要求不高，利用人体环节运动的半径变化，调控阻力臂，改变力量训练的负重量，也可附加器械重量提高力量训练负荷。徒手力量练习主要包括上肢类力量练习、下肢类力量练习和腰腹肌类力量练习。上肢类力量练习，如俯卧撑、引体向上等；下肢类力量练习，如各种跳跃、跑等练习；腰腹肌类力量练习，如仰卧起坐、悬垂举腿、背屈等练习。

（4）实心球练习

实心球练习在美国、日本、澳大利亚和欧洲一些国家较为盛行。游泳练习者通过各种传、抛、推球等动作练习，发展全身肌肉力量和动作速度，同时增强反应能力，使肌肉更适合于游泳，而且还能提高发展力量所必需的控制身体的能力。

实心球练习方法可分为以下两类：一类为基本练习，由一般性的传、抛和推球动作组成；另一类为结合游泳专项动作而设计的一些传、抛、推球练习。

2. 联合力量训练器力量练习

所谓联合力量训练器力量练习，是指利用联合力量器的各种力量训练功能，提高符合游泳专项特点的力量素质，全面提高游泳练习者的力量训练水平。

能够自我选择功能和调节重量是联合力量训练器的最大特点。游泳练习者在联合力量训练器上的练习可分两种：一种是单一动作练习，可有选择、有针对性地提高某一局部力量水平；另一种是成套动作练习，可根据训练要求，将不同功能、不同身体部位力量训练有机组合和编排，按其顺序进行重复练习。

（四）力量训练注意事项

1. 力量训练前，要充分做好准备活动，力量训练要与发展柔韧性练习结合。

2. 一般力量训练在不同训练阶段，要针对训练对象和训练任务合理安排训练内容、手段和比重。

3. 一般力量训练既要注意发展游泳专项动作的原动大肌群，又要重视小肌群的力量训练，力求使练习动作符合专项动作肌肉收缩的特征。

4. 一般力量训练要注意动作的准确性和动作的幅度。

5. 在力量训练中要做到紧张和放松相结合。

二、速度训练

游泳速度训练包括动作速度训练、身体位移速度训练和反应速度训练。

（一）游泳速度的特点

游泳速度的特点是由游泳比赛结构决定的。

1. 动作速度

动作速度包括出发速度和转身动作速度。研究证明，游泳比赛的距离愈短，出发对成绩的影响愈大。而转身动作速度则相反，比赛距离愈长，对成绩的影响愈大。动作速度的最大特点是身体环节运动，动作速度取决于动作的角速度。动作快的基本要求是反应快、动作熟练。

2. 游进速度

途中游进速度是由划距和划频决定的，其中划距（划水效果）因素影响较大。

（二）影响游泳速度训练效果的主要因素

1. 肌纤维类型的百分比组成。肌纤维百分比大，肌肉收缩速度快。速度训练能使肌肉纤维百分比结构发生适应性变化。

2. 神经系统的灵活性（兴奋、抑制的转换速度）和协调性（各肌群紧张放松的有机结合）。

3. 专项身体训练水平。影响游泳速度的主要因素是专项力量训练水平，其次是柔韧性和协调性。

4. 技术动作的熟练程度。动作熟练程度与动作自动化程度有关，动作越熟练，自动化程度越高，完成动作的速度就越快。

（三）游泳速度训练方法

游泳速度的训练往往与游泳技术训练紧密结合在一起，游进速度的训练是游泳速度的训练重点。

1. 短冲训练

短冲训练主要是发展无氧代谢能力，并以磷酸原供能系统为主。短冲距离，蹬边10～25米，出发15～25米，重复4～6组。间歇1分～1分30秒，以发展游泳的绝对速度为目的。发展绝对速度还可采用快速打腿、划臂训练，快速的技术分解练习，强化了局部动作的快速力量和动作速度，是快速配合游的保证。

2. 牵引训练

牵引训练属于非传统的训练方法，练习者在附加外力（牵力）或导游装置诱导下，最大限度地提高动作速度，使游进速度得到突破，达到预定的目标，获得新的速度感。牵引训练要认真研究和设计牵引力与导游的速度，保证练习者发挥最高速度。牵引训练的距离不超过50米，重复次数上限为10次。练习速度应控制在比本人最高速度快10%～20%的范围。太快，人会失去游进的速度感，会产生一种被拖着游的感觉。

3. 动作频率训练

在保持动作效果的前提下，动作频率的快慢就决定了速度。因此，动作频率训练是游泳速度训练的重要手段。

动作频率训练要强调不影响划水效果，否则加快动作频率便失去意义。动作频率训练常采用两种方法，即最佳频率训练和频率节奏训练。

（1）最佳频率训练

动作频率不是越快越好，过快的动作频率必然以降低划水效果为代价，这反而会使速度下降。用动作频率训练提高练习者游进速度的中心任务，应该是不断地摸索、寻找每名训练者比赛中最佳的动作频率。在速度训练中，教师必须计算并处理好划频、划距、速度三者的关系，以找到二者最佳组合为最佳频率训练的核心。

（2）频率节奏训练

合理的动作频率节奏，对体力分配、保持速度起重要作用。

4. 动作速度训练

出发起跳和转身技术动作是体现游泳动作速度的两个主要方面。游泳动作速度训练与提高技术水平紧密联系在一起。

（1）出发动作速度训练

反应速度和起跳的动作速度决定了出发动作的快慢，出发快不能脱离出发效果这个前提，因此，游泳出发技术评定通常用听出发信号游到10米或15米处的时间作为评定指标。出发速度训练的主要方法有听不同信号出发反应、出发起跳滑行、完整出发技术练习等。

（2）转身动作速度训练

转身动作速度训练主要包括游近池壁、转身、蹬壁滑行三部分。以转身前7.5米至转身后7.5米，共15米的时间作为评价转身技术质量的指标。转身速度训练采用专门转身动作训练和综合转身动作训练。前者是专门练习转身技术动作的速度，如距离池壁10米处练习转身，通过反复练习以提高转身动作速度。后者是指在25米池中的游泳训练，转身多，并且需要在游进过程中做出正确的转身动作的判断，以提高转身速度和质量。

三、一般耐力训练

一般耐力属于有氧训练，是学生游泳的重要素质之一。最经济、最有效地利用已有的机能潜力是发展一般耐力的核心。其效果取决于有氧能力水平、输氧系统工作效率、利用素质程度、技术动作效果、呼吸效率及肌肉协调能力的水平。运动成绩的提高对训练的学生来说，不依赖于最大耗氧量的提高，运动能力的提高可解释为乳酸阈水平的提高。因此，扩大有氧训练范围、提高有氧速度成为游泳训练的新观点。有氧代谢是供能效率比较高的能量系统，发展有氧训练水平已从提高耐力训练水平，扩展到技术训练和速度训练之中。

（一）一般耐力训练方法

耐力训练以提高有氧供能系统效率为主要目标。在游泳训练中通常采用一般有氧训练、最大吸氧量训练和无氧阈训练。

1. 一般有氧训练

为提高有氧基础能力，提高一般耐力训练水平，通常采用持续游、变速游、慢速间歇游等训练形式。

2. 最大吸氧量训练

最大吸氧量训练归入有氧训练，是能量分类的一大突破。最大吸氧量训练是发展有氧训练最好的训练。

3. 无氧阈训练

该训练方法是有氧训练的主要手段。由于学生有氧训练水平和身体机能上的差别，无氧阈水平不完全相同。在训练实践中，主要以个体乳酸阈水平控制训练强度。无氧阈训练心率水平在 140～180 次/分之间，以间歇训练方法为主。

（二）一般耐力训练注意事项

1. 发展一般耐力的训练要与培养学生的意志品质相结合。
2. 学生一般耐力发展水平应与其生长发育水平相适应。

第二节 高校足球体能训练

一、一般力量素质的训练

（一）特点与训练要求

1. 特点

在高校足球训练中，学生应具有的力量素质主要有以下几个方面的特点。

（1）良好的快速力量和爆发力

在足球比赛中，要求学生完成动作时既要有准确性，又要有突然性，如突停突起、突然变向、远射等。上述动作需要学生在极短的时间内完成。因此，良好的爆发力和快速力量训练水平，是学生专项力量素质的一个重要特点。

在足球运动中，以爆发力（以最快速度克服阻力的能力）为主的一种非周期性肌肉活动是学生的力量特点。所谓爆发力，是指在最短的时间内发挥出尽可能大的力量的能力。

（2）良好的力量耐力

在足球比赛中，由于学生的运动距离长，完成动作次数多，消耗能量大，因此学生常常要在较疲劳情况下不断地完成一定距离的快跑和冲刺跑后，再完成跳起争顶、合理冲撞、大力射门等力量性的动作。因此，没有良好的力量耐力训练水平很难保证在完成这些动作时还能取得良好的效果。

（3）发挥力量能力时的肌肉工作方式较复杂

学生在发挥肌肉力量时常常是动力性力量和静力性力量相结合的。支撑脚的肌肉工作方式常常是退让性的静力性工作方式，而踢球脚的肌肉工作方式往往又是向心收缩的动力性工作方式。除此之外，在完成动作时主要以小肌肉群力量为主，如运球、颠球。而在远射、跳起争顶、合理冲撞时，则主要依靠大肌肉群工作。

（4）下肢力量和腰腹力量较为突出

在足球比赛中，学生完成动作时主要依靠脚和头，手臂不能触球，因此手臂力量要求相对较低，而下肢力量和腰腹力量要求较强。

2. 要求

肌肉生理横断面的面积、中枢神经系统发放冲动的强度与频率、专项所需的肌纤维质量、肌肉群之间的协调关系、骨杠杆的机械效率，是决定力量素质的主要因素。

采用大负荷、快速率的练习，由于刺激强度大，运动中枢发放神经冲动的强度和频率就高，就能有效地使肌肉在短暂时间里发挥出较大力量。

采用中等负荷练习使肌肉较多地重复收缩，可促使该肌肉中的肌纤维增粗、收缩肌蛋白增多，从而增大肌肉生理横断面积。

学生在足球比赛中既要有持续较长时间的耐力性力量，又要有在瞬间就能发挥出来的爆发力，因此要在全面提高红、白肌纤维质量的基础上，重视提高白肌纤维的质量。所以，在实际的训练中，可根据采用不同负荷重量时参与活动的肌纤维的不同规律，进行有针对性的训练。

值得注意的是，在提高学生力量素质的训练中，应根据学生在比赛中的各种技术动作及其用力特点来选择恰当的训练方法，因此需要遵循以下几点要求。

（1）训练时须将速度放在首位

发展速度力量，要强调在快速的前提下逐步增加阻力，因此，宜采取阻力小、速度快为主的练习，伴以轻重结合、快慢交替的方式进行训练。发展速度力量耐力，同样也要注意动作速度，而且要在保证最大速度的前提下，增加阻力和重复次数，提高肌肉耐力。通过强调速度，可不断改善运动中枢的协调关系，使之建立快速的动力定型。加大阻力，一方面是为了增强神经冲动的传递，动员更多的肌纤维参与工作，使参与活动的肌纤维的百分比逐步加大，以增强肌肉力量；另一方面是促使肌肉组织的代谢过程加强，使肌肉发生结构和机能上的变化。除此之外，足球训练过程中，发展速度力量素质训练的重要因素主要包括：学生承受负荷的大小、动作速度的快慢、重复次数的多少以及间歇的长短。正确处理它们之间的辩证关系，对力量的增长作用很大。

应结合足球运动的用力特点，并根据不同对象、不同训练任务合理安排。一般安排如下：发展绝对力量，多采用负荷大、次数少、组数多的训练。发展快速力量，采用中等负荷、重复次数少、练习组数较多的方法。发展速度力量耐力，采用中小负荷、重复次数多、组数少的方法。

（2）要使参与运动的肌肉获得充分的锻炼

在足球运动的不同动作中，参与运动的肌肉也是各不相同的，只有使起作用的肌肉在运动中得到充分的锻炼，才会使训练收到预期的效果。足球运动中的动作很多，但不论哪一种动作都有一个对整个动作起决定性作用的关键环节。如正脚背大力射门，整个动作虽然比较复杂，但起决定作用的是摆动腿的前摆。这样就应该着重围绕前摆，使参与这一动作的肌肉得到较好的锻炼，即有效地发展屈髋的髂腰肌、伸膝的股四头等肌肉的力量，从而增加正脚背射门的力量。

（3）练习手段的用力必须符合专项动作肌肉收缩时的支撑条件

在足球运动的不同动作中，由于肌肉收缩时的支撑条件不尽相同，因此，练习手段的选择也需要尽量考虑这一因素，是肌肉适应收缩时的"反射"条件。在足球训练中，一定要具体分析肌肉收缩时的支撑，使练习手段的用力尽可能与专项动作协调一致。如要增大正脚背射门的力量，就应该选择踢重球、大力踢球以及踢拉橡皮筋等符合近固定的练习，而采用负重下蹲杠铃等练习，对提高摆动式踢球射门力量却没有明显的效果。虽然两者主要都是发展伸膝的股四头肌的力量，但由于肌肉收缩时的支撑条件不同，动力定型也不同，因此收效也是大不相同的。

除此之外，在进行速度力量的训练过程中，学生承受负荷的大小、动作速度的快慢、重复次数的多少以及间歇的长短是发展速度力量素质训练的重要因素。正确处理它们之间的辩证关系，对力量的增长作用很大。应结合足球运动的用力特点，并根据不同对象、不同训练水平和不同训练任务合理安排。一般做如下安排：

发展快速力量，采用中等负荷、重复次数少、练习组数较多的方法。

发展绝对力量，多采用负荷大、次数少、组数多的训练。

发展速度力量耐力，采用中小负荷、重复次数多、组数少的方法。

在以上内容中，强调动作速度是最重要的。尤其是对一些按完整技术动作增加阻力的练习，如果不注意保持动作的最大速率，就容易形成慢的动力定型。根据当前力量训练的发展趋向，应注意通过发展肌肉速度和肌肉耐力的训练来增强力量，改变过去那种片面追求大力量训练的做法。

（二）训练方法

1. 足球准备期力量素质的训练方法

提高全身力量水平和达到身体各个主要肌肉群的均衡发展，是学生准备期力量训练的主要任务。一般力量素质训练的周训练负荷结构一般为：每周进行3次力量训练课，隔日安排力量训练。一般采取以下几种训练方法。

（1）徒手下蹲跳

训练目的：发展学生大腿和小腿后部肌群的力量。

动作方法：直立，双臂胸前交叉，直背抬头，双脚以肩宽间距站立。下蹲至大腿前侧与地面平行。

（2）伸髋

训练目的：发展学生伸髋肌群的力量。

动作方法：面对滑轮阻力钢索站立，将一只脚的踝关节固定在阻力钢索上。一只手在体前扶住固定物体，一条腿直腿尽量远地向后上方向摆。背伸直，不要向前或后弯曲。向上运动时吸气，向下运动时呼气。练习2组，每组每条腿各重复15次。

（3）髋外展

训练目的：发展学生大腿外侧肌群的力量。

动作方法：侧对滑轮阻力钢索站立，将一只脚的踝关节固定在阻力钢索上。双手在体前腰部高度握住固定支撑物体。腿伸直，膝关节固定，练习腿外展侧摆。背伸直，不要向左或右晃动。腿外展时吸气，返回时呼气。练习2组，每组每条腿各重复15次。

（4）屈髋

训练目的：发展学生屈髋肌群的力量。

动作方法：背对滑轮阻力钢索站立，将一只脚的踝关节固定在阻力钢索上。双手在体前腰部高度握住固定支撑物体。腿伸直，膝关节固定，腿前摆至与地面平行。背伸直，不要向前或后弯曲。向上运动时吸气，向下运动时呼气。练习2组，2组每条腿各重复15次。

（5）斜板屈膝仰卧起坐

训练目的：发展学生腹肌上部的力量。

动作方法：在斜板上仰卧，双脚固定稳定身体，双膝屈45°，双手在头后，下颌贴胸。后仰上体直到腰部接触斜板。提起上体，重复练习，上体后仰时吸气，坐起时呼气。练习1～2组，每组重复25～40次。

（6）伸背练习

训练目的：发展学生腰部肌群的力量。

动作方法：双脚固定，在鞍马或高长凳上以髋部为支撑点下屈躯干至与地面垂直的姿势。将双手交叉于头后部，伸背至躯干与地面成稍高于水平位置的姿势。提起上体时吸气，落下时呼气。练习3组，每组最多重复15次，否则增加负重。

（7）仰卧屈臂头后拉杠铃

训练目的：发展学生胸上部和躯干肋间肌群的力量。

动作方法：在长凳上仰卧，头部伸出凳子，双腿并拢，双脚平放地面。把杠铃杆放在胸部与乳头成一线的部位，双手间距较窄，双肘尽量并拢。将杠铃沿贴近头部的半圆路线，向头部上方运动，尽量下降高度至地面。沿原运动路线将杠铃拉回胸部位置，完成系列动作。开始动作时吸气，完成时呼气。练习4组，4组重复次数为12、10、10、8次。

（8）窄握下压

训练目的：发展学生肱三头肌外侧的力量。

动作方法：在练习器械前直立抬头，双手掌心向下以较小间距握住阻力钢索的把手横杠。提起上臂至体侧并保持这个姿势，使用前臂沿半圆路线下压把手横杠。下压时吸气，上抬时呼气。练习2组，每组重复次数为10~12次。

（9）宽握引体向上

训练目的：发展学生躯干两侧肌群的力量。

动作方法：双手掌心对前方，以较宽间距直臂握住头上单杠使身体悬垂。向上拉引身体，力图使下颌接触单杠，返回开始姿势。拉引身体时吸气，下降时呼气。练习3组，每组最多重复10次，否则增加负重。

（10）高提杠铃

训练目的：发展学生三角肌前部和斜方肌的力量。

动作方法：直立抬头，伸直双臂将杠铃贴在大腿前部。双手间距约一肩半宽，掌心向下握住杠铃。上提杠铃到下颌部位，肘关节外展，在躯干两侧上提到耳朵高度。到达最高处停顿片刻，再下降杠铃恢复开始姿势。上提时吸气，下降时呼气。练习3组，3组重复次数分别为12、10、8次。

2. 足球比赛期力量素质的训练方法

对于学生来说，保持在准备期达到的全身力量能力和身体各个主要肌肉群的均衡发展水平，是比赛期力量素质训练的主要任务。其周训练负荷结构一般为：每周进行2次力量训练课，隔1~2日安排力量训练，比赛前2日休息。一般采取以下几种训练方法。

（1）高踏板坐蹬腿

训练目的：发展学生大腿上部肌群的力量。

动作方法：在腿部力量练习器上坐下，双脚蹬在较高位置的踏板上，大腿几乎垂直于地面。双手扶在臀部下方的扶手上，双膝略外展，蹬踏板伸直双腿。蹬伸时呼气，收腿时吸气。练习3组，重复次数分别为12、12、10次。

（2）低踏板坐脚掌推

训练目的：发展学生小腿后部肌群的力量。

动作方法：在腿部力量练习器上坐下，双脚蹬在较低位置的踏板上。双手扶在臀部下方的扶手上，伸直双腿，用前脚掌前推踏板。前推时吸气，后退时呼气。练习3组，每组重复20~25次。

（3）臂撑起

训练目的：发展学生胸部肌群和肱三头肌的力量。

动作方法：双臂在双杠上悬空撑起身体，双臂和双腿伸直，肘关节向内。肩和肘关节屈曲下降身体到最低位置，稍停顿再伸直双臂撑起身体。返回开始姿势，重复练习。下降时吸气，上撑时呼气。练习2组，每组重复次数最多12次，否则附加重量。

（4）垫高小腿仰卧起坐

训练目的：发展学生腹肌上部的力量。

动作方法：仰卧将小腿放在长凳上，大腿与身体呈45°夹角。将双手交叉于头后部，尽量高地提起上体。提起上体时呼气，落下时吸气。如加大难度，可在躯干适当负重，练习1组，重复次数25~50次。

（5）挺举

训练目的：发展学生腿部、背部向上拉引和支撑力量。

动作方法：将杠铃放在地面上，双手以肩宽为间距握住杠铃杆。由下蹲姿势开始，腿散发力尽量向上提拉杠铃，上拉动作过程中脚跟尽量提起。当杠铃接近胸上部时降低身体重心，翻肩、翻腕支撑，固定杠铃在胸上部。身体成直立姿势，略微下蹲快速上举杠铃，双腿成弓箭步，直臂支撑杠铃。再成直立姿势支撑杠铃，然后返回开始姿势。练习2组，2组重复次数8~10次。

（6）桥形练习

训练目的：发展学生颈部前面、两侧和后部肌群的力量。

动作方法：跪地把头顶放在垫子上，双臂在胸前交叉，提起身体中部形成金字塔姿势。双腿尽量伸直，所有身体重量分布在头部和双脚。前后滚动头顶，使头部承受更大重量，然后左右滚动头顶。转动身体，使胸部和身体中部向上。重复前后滚动头顶，使头部承受更大重量，然后左右滚动头顶。练习1~2组，每组重复5~15次。

二、一般速度素质的训练

所谓速度，是指人体对各种刺激反应的快慢，或者在单位时间内移动某一段距离或完成某一动作的能力。速度素质是身体素质训练中的一个特殊且重要的部分，它是训练者基本素质之一。

（一）特点与训练要求

1. 特点

（1）反应速度与特点

所谓反应速度，是指单位时间内学生对球、场区等刺激的应答能力。在足球比赛中，学生往往在事先无准备或准备不足的条件下，主要通过视觉感受器接受各种刺激（如各种不同性质的来球、瞬间出现的空当等），然后根据本队、本人技术和战术的需要，经过瞬间复杂的思维、判断，迅速采取行动。在整个反应过程中，不仅时间非常短促，而且学生所遇到的情况也非常复杂。

（2）位移速度与特点

所谓位移速度，是指学生在单位时间内的位移距离。

学生移动方向随机多变，移动距离长短不一，一般 5~10 米移动占 85%~90%。移动形式也无一定的规律，有直线、曲线、弧线、折线，同时还交替着快、慢以及走、停、跳跃、后退、侧跨等多种复合形式。

（3）动作速度及特点

所谓动作速度，是指练习者在单位时间内完成动作的幅度和数量。

在快速奔跑中，足球练习者要随时完成各种有球和无球动作，加之心理负担较重，因而动作节奏性较弱、应变性较强。完成动作时身体重心较低，肌肉常处于十分紧张的状态。

2. 要求

（1）反应速度训练的要求

信号通过反射弧各环节所需的时间，决定了学生的反应速度。中枢神经系统的机能水平越高，信号通过反射弧的速度就越快。在足球速度素质的训练中，要经常利用突然发出的信号，提高学生对简单信号（视觉、听觉信号等）的反应速度，或采取移动目标练习（即学生对移动目标迅速做出应答反应）、选择性练习（让学生随着各种信号复杂程度的变化做出相应的应答动作）来提高学生中枢神经系统的机能水平。

肌肉处于紧张待发状态要比放松状态时反应速度提高 60%~70%。所以训练中必须集中注意力、思想有准备，使肌肉处于相应的紧张状态。

此外，进行足球反应速度的训练，还必须同加强观察力训练密切结合起来。只有把提高视觉器官的机能与场上经常出现的情况结合起来进行反复练习，才能有效地提高足球专项所需的反应速度。

（2）位移速度训练的要求

由于足球比赛中常做 5~7 米的起动，冲跑一般在 10~30 米，并要随时改变方向以控制球和应付突然变化的情况，所以要求学生必须掌握步频快、步幅小、重心低的奔跑技术；由于要做大量的起动、急停、变向、变速、转身等动作，要求学生具有出色的瞬时速度、角速度、加速度、最高速度和制动速度。因此，腿部、腰腹力量是学生练习足球必须要着重发展的部位。

由于学生在快速奔跑中主要依靠非乳酸无氧代谢供能完成各种技术动作，所以提高学生的非乳酸无氧供能能力及 ATP 再合成能力是保证全场高速完成动作的关键。因此，训练时必须使学生的神经系统在一定范围内处于最兴奋状态，学生要用最大积极性，进行最大强度的重复练习，有效刺激和提高中枢神经兴奋与抑制的转换能力。在进行最大强度重复练习时，为保证每次练习学生神经系统和能量供应均处于最佳状态，要严格控制好间歇时间。一般每进行 10 秒的疾跑，间歇时间为 30 秒，组间歇为 6~8 分钟。

除此之外，在进行训练时，还应创造一定的充分条件来突破"速度障碍"。如下坡跑、借助外力的牵引跑，以促进学生有效地建立更快的"动力定型"，达到破坏或削弱"速度障碍"的目的；同时注意发展和提高学生"三蹬"的爆发力。

（3）动作速度训练的要求

提高学生的动作速度，主要在于提高参与各种动作的肌肉爆发力和动作之间的衔接技术。只有通过力量训练和反复快速地完成各种技术练习，提高学生有球和无球技术的熟练程度，才能在比赛中轻松自如、协调合理、快速准确地完成技术动作。此外，着重提高白肌纤维的体积和质量，增强肌肉的可塑性、可伸展性及肌肉群内部和肌肉群间的协调性等，也有利于提高动作速度。

总而言之，不论发展位移速度或动作速度，都要遵循如下原则：用最大强度重复完成练习，打破"速度障碍"建立快速的动力定型。

反应速度与位移速度、动作速度之间几乎没有内在联系，因此在进行速度素质训练时，既要提高位移速度和动作速度，又要专门发展反应速度。

（二）训练方法

①进行 10~30 米的各种姿势的起跑训练。采用站立式、蹲踞式、侧身式、背向站立、坐地、坐地转身、俯卧、仰卧、滚翻后，原地跳跃（模仿跳起顶球动作）等姿势做起跑练习。

②在活动情况下进行 5~10 米的突然起动练习。在小步跑、慢跑、高抬腿跑、侧身跑、颠球、顶球、传球等情况下，快速起动跑。

以上两种练习以视觉信号（如手势、球等）为宜，以提高反应速度和起动速度。

③做全速、变向、变速运球跑练习。

④ 60—80—100 米的全速跑、加速跑、提高位移速度。

⑤追球射门，要求两名学生为一组，可分为若干组在中圈外的中线两侧站好，利用两球门同时练习，球集中于中圈教师脚下。当教师将球向一个球门方向踢出时，两翼学生快速起动追球射门，要求未控球学生必须紧迫持球学生，并在持球学生射门后向前跑至球门线处，以利于发展速度和加强补门意识。

⑥提高动作速度的训练。

一是规定最高速度指标的练习，如在教师限定的时间内快速完成传—接—传，运—传—接—射门等动作，以建立快速动力定型。

二是提高肌肉感觉的快速精确分析机能练习，两人或多人一组，在连续奔跑中完成同一传接球练习。

三是加大训练的密度，如在较小场地内做 2 对 2、3 对 3 的传抢练习。

⑦利用快速小步跑、高抬腿跑、下肢跑和牵引跑等练习，促使学生突破"速度障碍"，提高位移速度。

⑧在快速跑中看教师手势，或抛球等信号，做急停、转身、跳跃、翻滚以及变向等动作。

⑨采用后蹬跑、单腿侧蹬跑、短距离转身跑、各种追逐球跑等，发展爆发力。

⑩在长约 20 米的距离内，设置不同距离间隔和有方向变化的标杆或锥体，让学生以尽可能快的速度做绕杆跑，发展学生绕过对手的快跑能力。

三、一般耐力素质的训练

（一）特点与训练要求

1. 特点

所谓耐力，是指人体保持长时间运动的能力，或叫做抗疲劳和疲劳后迅速消除的能力。

关于学生耐力的分类，常将其分为两种：一般耐力（有氧耐力）和专项耐力（无氧耐力）。即把足球场上所表现的中小强度奔跑及相应的肌肉活动归为有氧耐力，把大强度连续反复快跑及伴随的肌肉活动列为无氧耐力。

在足球比赛中，学生的活动形式主要有两种：一种是进行适当强度的延续到整个比赛时间的有氧代谢运动。在负荷强度下降时，氧开始与肌肉中的糖、自由脂肪酸结合，再生成大量的 ATP 供给肌肉活动需要。另一种是以最大强度进行，每次持续 6～9 秒的无氧代谢运动（如快速起动、全速跑、冲刺跑等）。最大强度运动靠肌肉内 ATP、CP 快速分解供能，而肌肉内 ATP 和 CP 含量有限，供能时间最多不超过 10 秒。因此，学生在进行一定时间的（最）大强度活动后必须换以中小强度活动来交替间歇，以恢复肌肉再次（最）大强度活动的能量供应。所以说，学生的专项耐力是建立在冲刺快跑时的高能磷化物（ATP、CP）的无氧分解和主要在间歇时有氧再合成的供能基础上的。它是一种非周期性不规则的、有氧与无氧混合供能、大小强度和快慢速度交替的速度耐力，其中短距离反复冲刺跑是最突出的速度耐力训练方法。

2. 要求

（1）足球无氧耐力的基本要求

在耐力素质训练中，学生的无氧代谢能力（即无氧糖酵解能力）决定着其无氧耐力水平，机体组织抗乳酸能力，能源物质（主要是 ATP 和 CP）的储备和支撑运动器官的功能。

（2）足球有氧耐力的基本要求

无氧以有氧为基础，良好的有氧耐力训练水平，不仅能充分利用机体内的能源物质，还可使机体的摄氧、输氧、用氧能力得到提高，有利于较快消除非乳酸和乳酸氧，起到延缓疲劳出现和加速机体恢复的重要作用。

（二）训练方法

提高学生的摄氧、输氧及用氧能力，保持体内适宜糖元和脂肪的储存量，以及提高肌肉、关节、韧带等运动器官对长时间负荷的承受能力，是提高学生一般耐力的基本途径。

1. 肌肉耐力训练

肌肉耐力练习的内容与力量练习大致相同，只是负荷的强度较小，练习持续的时间、反复次数要长和多。

（1）仰卧起坐

仰卧两手抱头起坐，连续做50次为一组。起坐时要快，仰卧时要缓和，连续不间断进行。也可在起坐同时两腿屈膝上抬，收腹。

（2）连续引体向上或屈臂伸

连续在单杠上做引体向上或双杠上做屈臂伸。每组 20～30 次，4～6 组。

（3）收腹举腿静力练习

在双杠、吊环或垫上做收腹举腿（直角支撑）动作，每次静止 1～2 分钟。静止时躯干与大腿间的夹角不能大于 100°，静止时间由 30 秒开始，逐渐增加。

（4）俯卧撑或俯卧撑移动

在垫上连续做俯卧撑 30 次为一组，4～6 组，或成屈臂俯卧撑姿势，用双臂双脚力量左右移动，每组 20～30 次，4～5 组。俯卧撑时身体要保持伸直。移动时始终保持屈臂俯卧撑姿势。

（5）1分钟立卧撑

由直立姿势开始，下蹲两手撑地，伸直腿成俯撑，然后收腿成蹲撑，再还原成直立。

（6）连续半蹲跑

成半蹲姿势，向前跑进 50～70 米，不规定速度，走回来时尽量放松。

（7）连续深蹲跳

原地分腿站立，连续做原地深蹲跳起或在草地上向前深蹲跳。要求落地即起。

（8）连续跑台阶

在高20厘米的楼梯或高50厘米的看台上，连续跑30~50步。跑20厘米高的楼梯，每步跑2级。要求动作不能间断，但不规定时间，向下走时尽量放松，心率恢复到100次/分时可开始下一次练习。

（9）重复爬坡跑

在15°的斜坡道或15°~20°的山坡上进行上坡跑，重复5次或更多，跑距250米或更多。

（10）连续换腿跳平台

平台高度30~45厘米，单脚放在平台上，另一脚在地上支撑，两脚交替跳上平台各30~50次。要求两臂协调配合，上体正直。

（11）后蹬跑

做后蹬跑，每次100~150米，或负重后蹬跑，60~80米。

（12）沙滩跑

在沙滩上做快慢交替自由跑，每组500~1000米，也可穿沙背心跑，速度变化和要求可因人制宜。

（13）逆风跑或负重耐力跑

遇有风天气（风力不超过五级）可在场地或公路上做持续长距离逆风跑，也可做1000米以上的重复跑。

（14）原地间歇高抬腿跑

原地或前支撑做高抬腿跑练习。要求动作规范，不要求时间，但动作要不间断地完成。

（15）长距离多级跳

在跑道上做多级跳，每组跳80~100米，约30~40次，3~5组，组间歇5分钟。如果规定完成时间，强度会大大提高，注意组间的恢复情况。

（16）沙地负重走

沙滩上，肩负杠铃杆，或背人做负重走。

（17）沙地后蹬跑或跨步跳

沙滩或沙地上做后蹬跑或跨步跳，每组后蹬跑80~100米。

（18）半蹲连续跳

在草地上做连续向前双脚跳，落地成半蹲，落地后迅速进行第二次。

（19）负重连续转跳

肩负杠铃杆等轻器械做连续原地轻跳或提踵练习。

（20）水中支撑高抬腿

在 40~50 厘米深的浅水池中，两手扶池壁前倾支撑做高抬腿练习，每组 50 次。也可在水中行进间后蹬跑穿插进行。

（21）连续跳推举

原地蹲立，双手握杠铃杆，提铃至胸后，连续做跳推举杠铃杆。

（22）连续跳实心球

面对实心球站立，双脚正面跳过球后，迅速背对球跳回。往返连续跳。

（23）连续跳深

站在 60~80 厘米高的台阶或跳箱上双脚向下跳，落地后迅速接着向上跳上 30~50 厘米高的台阶或跳箱上。

（24）连续反复传接实心球

用实心球做篮球传接球练习。可选用 1~2 公斤实心球。

（25）双杠支撑连续摆动

双杠上直臂支撑，以肩为轴做摆动，每组 40 次，4~5 组。前后摆两腿要摆出杠面水平，两腿并拢、伸展。

（26）划船练习

水中划小船，每次 10 分钟。可采用单桨和双桨交替进行。规定 10 分钟内划出去的距离。

（27）跳连环马

10~15 人，间隔 2 米成纵队，每人俯背拖腿成"人马"，排尾开始连续跳过人马至排头即加入"人马"行列。

（28）手倒立

独立完成手倒立或对墙做或在帮助下完成。

（29）吊环悬垂摆体

握环成悬垂，做向前向后的悬垂摆体。摆动时身体保持直立，摆动幅度越大越好。

（30）半蹲静力练习

躯干伸直，屈膝约 90°成半蹲姿势后静止 30 秒至 1 分钟。每次练习结束要放松肌肉，做些按摩摆腿或放松跑活动。

（31）拉胶皮带

结合专项练习或专门练习做连续拉胶皮带练习。如拉胶皮带扩胸或拉胶皮带作支撑高抬腿等。

（32）双杠支撑前进

双杠上直臂支撑，两臂交替前移。两臂各前移5次才返回。

2.有氧耐力训练

（1）定时走

按规定的时间在场地、公路或其他自然环境中做自然走或稍快些的自然走训练。一般走30分钟。

（2）定时跑

在场地、公路或树林中做10～20分钟或更长时间的定时跑训练。

（3）定时定距跑

在场地或公路上做定时跑完固定距离的训练。如要求在14～20分钟内跑3600～4600米。

（4）变速跑

在场地上进行。慢跑段、快跑段距离也根据专项任务和要求进行决定。一般常以400米、600米、800米、1000米等段落进行。

（5）重复跑

在跑道上进行，重复跑的距离、次数与强度也应根据专项任务与要求而定。发展有氧耐力重复跑强度不应大，跑距应较长些。一般重复跑距为600米、800米、1000米、1200米等。

（6）越野跑

在公路、树林、草地、山坡等场地进行。距离要求，一般在4000米以上，多可达10000～20000米。

（7）法特莱克跑

在场地、田野、公路上进行，自由变速的越野跑或越野性游戏。最好在公园、树林中进行，约30分钟，也可更长些时间。

（8）登山游戏或比赛

在山脚下听口令起动，规定山上终点的标记，可以自选路线登山或规定路线登山，可进行登山比赛或途中安排些游戏，如埋些"地雷"，规定各队要找出几个"地雷"后集体到达终点，早者为胜等。

（9）水中快走或大步走

在深30～40厘米的浅水池中，做快速走或大步走练习，每组200～300米或

100~150步，4~5组。

（10）连续踩水

在游泳池深水区，手臂露出水面做踩水练习。也可以要求肩部露出水面，加大难度。

（11）水中定时游

不规定游泳姿势及速度，规定在水中游一定的时间，如不间断地游15分钟，20分钟等。要求不间断地游。

（12）沙地连续走或负重走

海滩沙地徒手快走或负重（杠铃杆或背人）走。徒手快走每组400~800米，负重走每组200米。

（13）3分钟以上跳绳或跳绳跑

在跑道上做两臂正摇原地跳绳3分钟或跳绳跑2分钟。要求每次结束时，心率在140~150次/分，恢复至120次/分以下开始下一次练习。

（14）5分钟以上的循环练习

根据专项选择8~10个练习，组成一套循环练习，反复循环进行5分钟以上。

（15）长时间划船

连续不间断地进行20分钟以上的划船。

四、一般柔韧素质的训练

（一）特点与训练要求

1. 特点

所谓柔韧素质，是指人体各关节活动的幅度，即肌肉和韧带的伸展能力。

学生柔韧性的特点集中在踝关节上，其主要是以扩大踝关节背伸（向下绷脚尖）和屈曲（向上勾脚尖）以及绕环的幅度为重点；在膝关节主要是加大小腿向后屈曲程度为重点；在髋关节主要是加大髋关节屈伸、内收外展及绕环的运动幅度为重点，辅之以腰腹部肌肉的伸展性。

在高校足球训练中，因学生的身体和球常处于一种不规则的活动状况，因此学生经常要做一些速度快、幅度大、用力突然的动作，如抬脚到一定高度接空中球、运球过人、倒地铲抢时的身体晃动、凌空倒钩射门等，这就对学生的柔韧素质提出了较高要求。

学生的柔韧素质，突出表现在足球运动所特殊需要的踝、膝、腰、髋关节活动幅度及下肢肌肉和韧带的伸展能力上。它对于学生掌握和提高技术动作（尤其是高难度技术动作）、避免运动创伤和发展其他身体素质都有重要的作用。

2. 要求

髋、膝、踝等关节的韧带、肌腱、肌肉和皮肤的伸展性，以及神经系统支配骨骼肌的机能等，是影响人体柔韧性的主要因素。柔韧素质的发展，不仅决定于肌肉、韧带和关节结构的改善，还取决于中枢神经系统调节对抗肌的协调性及肌肉紧张和放松的能力。为此，在进行足球柔韧素质的训练时，必须遵循以下要求：

①随着年龄的增长，身体的柔韧性会逐渐下降，学生为了保持或提高柔韧性水平，应该定期进行柔韧性的训练。由于足球运动的特点，其活动部位主要表现在腰、腹、髋、膝、踝关节上，柔韧训练不仅注重改善关节的肌腱、肌肉和韧带结构和弹性，还须提高中枢神经系统调节用力时相互对抗肌肉之间的"松""紧"协调性。

②一般来说，柔韧的训练方法有两种：即静力拉伸法和动力拉伸法。

所谓静力拉伸法，是指通过缓慢的动作将肌肉、韧带等软组织拉长。拉到一定的程度后静止不动。拉伸的幅度和力量以学生自身的承受能力为限，并保持8～10秒，反复练习8～10次。节省能源，减少超关节伸展能力的危险性，不激发牵张反射，是静力拉伸法的主要特点。

所谓动力拉伸法，是指做速度较快，多次重复，有节奏的同一种动作的拉伸练习。动力拉伸练习引起的是肌肉牵张反射，肌纤维被暂时拉长，其特点是拉伸幅度逐渐增大，激发牵拉反射，可达到静力拉伸所达不到的限度。但如果过度牵拉肌纤维，就会导致肌纤维受损造成肌肉弹性丧失。因此，进行动力拉伸练习应控制在15～25次，每个练习7～8组。

（二）训练方法

1. 腿部柔韧性训练方法

①跪坐压脚面。

②压腿。将脚放在一定高度上，另一腿站立脚尖朝前，然后正压（勾脚）、侧压、后压。

③弓箭步压腿。

④踢腿。原地扶把杆或行进，正踢（勾脚）、侧踢、后踢。

⑤摆腿。向内、向外摆腿。

⑥前后劈腿。可独立前后振压，也可以将腿部垫高，由同伴帮助下压。

⑦左右劈腿。练习者仰卧在垫子上，屈腿或直腿都可以，由同伴扶腿部不断下压。

⑧控腿。手扶支撑物体，前控、侧控、后控。

⑨在特制不同形状的练习器上练习脚腕不同方位的柔韧性。

⑩负重深蹲，脚跟不离地使脚尽量弯曲。

2.手指手腕柔韧性训练方法

①握拳、伸展反复练习。

②手腕屈伸、绕环。

③两手五指交叉直臂头上翻腕，掌心朝上。

④用左手掌心压右手四指，连续推压。

⑤两手五指相触用力内压，使指根与手掌背向成直角或小于直角。

⑥左、右手指交替抓下落的棒球（或小铅球）。

3.腰腹部柔韧性训练方法

①向后甩腰练习。

②弓箭步转腰压腿。

③体前屈手握脚踝，尽量使头、胸、腹与腿相贴。

④站在一定高度上做体前屈，手触地面。

⑤两脚前后开立，向左后转，向右后转，来回转腰。

⑥分腿坐，脚高位体前屈，帮助者可适当用力压其背部助力压。

⑦肩肘倒立下落成屈体肩肘撑。

⑧分腿体前屈，双手从腿中间后伸。

⑨后桥练习，逐渐缩小手与脚距。

⑩双人背向，两手在头上方拉住，同时作弓箭步前拉。

4.肩关节柔韧性训练方法

（1）压肩

①手扶一定高度体前屈压肩。

②面向墙一脚距离站立，手、大小臂、胸触墙压肩（逐渐加大脚与墙的距离）。

③双人手扶对方肩，体前屈直臂压肩。

④两人互相以手搭肩，身体前倾，向下有节奏地压肩。

（2）拉肩

①双人背向两手头上拉住，同时作弓箭步前拉。

②练习者站立，两手头上握住，帮助者一手拉练习者头上手，一手顶背助力拉。

③练习者俯卧，两手相握头上举或两手握木棍，帮助者坐练习者身上，一手拉木棍，一手顶其背助力拉。

④侧向肋木，一手上握一手下握肋木向侧拉。

⑤背对肋木坐，双手头上握肋木，以脚为支点，挺胸腹前拉起成反弓型。

⑥背向肋木站，双手反握肋木，下蹲下拉肩。

⑦体前屈坐垫上，双手后举，帮助者握其两手向前上推助力拉。

（3）转肩

用木棍、绳或橡皮筋作直臂向前、向后的转肩（握距逐渐缩小）。

（4）吊肩

①杠悬垂或加转体。

②单杠负重静力悬垂。

③单杠各种握法（正、反、反正、翻等握法）的悬垂摆动。

④后吊。单杠悬垂，两腿从两手间穿过下翻成后吊。

5.胸部柔韧性训练方法

①练习者面对墙站立，两臂上举扶墙，抬头挺胸压胸。要求让胸尽量贴墙，幅度由小到大。

②虎伸腰。练习者跪立，手臂前放于地下，胸向下压。要求主动伸臂，挺胸下压。

③练习者并腿坐在垫子上，臂上举，同伴在背后一边向后拉其双手，一边用脚蹬练习者肩背部，向后拉肩振胸。

④俯卧背屈伸。练习者腿部不动，积极抬上体、挺胸。

第三节 高校篮球体能训练

一、篮球运动的力量训练

（一）篮球运动力量的特点及训练要求

1.篮球运动力量的种类

按运动时肌肉克服阻力的表现形式，运动训练学将力量分为速度力量、最大力量和力量耐力三大类。速度力量（爆发力）是指运动过程中肌肉在尽可能短的时间内发挥强大力量快速克服阻力的能力。最大力量是肌肉克服最大阻力的能力，也叫绝对力量。力量耐力是指肌肉长时间克服一定阻力而保持准确有效工作的能力。而发展速度力量和爆发力是篮球运动力量训练的核心，最大力量和力量耐力训练的设计和实施也都要围绕着这一目标。

2. 篮球运动力量的特点

对于篮球运动者来说，全面发展力量素质是保证完成各项技术动作的基础，它要求运动者的上下肢、腹部和背部肌群均衡发展。在48分钟的比赛中，不管是对学生的奔跑能力、跳跃能力还是对抗能力都有很高的要求，也就是说，对肌肉速度、肌肉力量和肌肉耐力都有很高的要求。

人体要发挥最大力量和最大爆发力，是通过各运动环节、各工作肌群间的协调配合与共同用力的综合结果。要让运动者跳得高、跑得快、对抗强度只是训练腿部肌肉或主动肌是不够的，应对影响躯干力量的腰腹肌和背肌、对抗肌和协同肌进行加强训练，因为这些肌群对篮球运动者的体能与比赛能力都非常重要。

3. 篮球运动力量训练的要求

篮球运动者要想在符合篮球运动特点的前提下进行力量训练。例如，下蹲的力量性质与篮球急停起跳力量相差很远。篮球运动者的膝关节损伤通常是由缓冲力量（退让力量）不足造成的，而并非伸膝力量不足造成的。篮球运动者在选择力量训练的练习手段时，要注意肌肉收缩方式和篮球运动相一致。在进行力量训练时，要选择与篮球运动技术结构相一致的动作方法，力求将运动者的最大力量、快速力量转化为篮球基础力量训练的能力，即跑跳能力和对抗能力。

（二）篮球运动力量训练的方法

1. 最大力量训练方法

通过增大肌肉横断面增加肌肉收缩力量和改善肌肉的协调能力；提高神经系统对肌肉工作的指挥能力，让更多运动单位参加工作，是发展篮球运动者最大力量的两个主要训练途径。在运动训练时，应先进行增加肌肉横断面的力量训练，然后进行肌肉内协调能力的训练。

（1）增加肌肉横断面的最大力量训练

这个训练方法必须进行科学的确定负荷强度、练习的次数与组数、练习的持续时间及组间休息的时间。训练中一般采用运动者本身60%～85%的最大极限负重强度，完成一次动作在4秒钟左右，做5～8组，每组4～8次；组间休息时间一般控制在基本消除上一组肌肉练习所产生的疲劳之后。

（2）提高肌肉协调能力的最大力量训练

这种训练方法一般采用运动者本身85%以上的最大极限负重强度，完成一次动作在2秒钟左右，做5~8组，每组1~3次；组间休息时间控制在3分钟左右或者更长。

（3）静力性训练和等动性训练

静力性训练一般采用大强度和极限强度进行练习，每次动作持续时间约为5~6秒钟，总的练习时间应该控制在15分钟之内。等动性训练的运动速度保持不变，肌肉都能在训练过程中发挥出较大力量，训练强度要大，每组练习4~8次，做5~8组，组间休息时间要充分。

2. 速度力量训练方法

（1）负重训练方法

负重训练时负荷强度要适宜。为兼顾速度和力量的双重发展，多采用运动者本身40%~80%的最大力量强度；每组练习5~10次，做3~6组（以不降低速度为限来确定组数）；较充分的休息时间，一般为2~3分钟。

（2）不负重练习方法

不负重训练主要选择发展下肢速度力量的跳深和跳台阶练习，以及发展上肢和躯干速度力量的快速练习。

3. 力量耐力训练方法

力量耐力的发展不仅依靠肌肉力量的发展，还依赖血液循环的加速、呼吸系统机能的提高和有氧代谢能力的增强。

发展克服较大阻力的力量耐力，可采用运动者本身最大力量75%~80%的负荷；而发展克服较小阻力的力量耐力，则最小负荷不能低于运动者本身最大负荷强度的35%的负荷强度。通常以每组达到极限重复次数来确定练习的组数。如果采用动力性练习，练习持续时间则要以完成预定次数、组数为其练习持续时间；如果采用静力性练习，单个动作的练习持续时间则为10~30秒。组间休息时间控制在未完全消除疲劳的情况下就可以进行下一组练习。

二、篮球运动的速度训练

（一）篮球运动速度的特点及训练要求

1. 篮球运动速度的种类

按照动作过程可以将篮球运动过程中的速度分为动作速度、反应速度和移动速度。反应速度就是从外部接受各种刺激到开始动作的时间；动作速度是完成篮球技术动作的速度；移动速度则是篮球运动者在单位时间内的最大位移。三种速度之间有着密切的关系，技战术的速度和实施也直接受到动作速度、反应速度和位移速度的影响。

2. 篮球运动速度的特点

篮球的跑与田径的跑存在很多差异。在篮球运动中，跑动时既要看准同伴，又要观察对手；既有普通的跑步，又有不同形式的滑步；既有向前跑，又有背身跑；既有正向跑，又有侧向跑等等，各种形式的跑法都对篮球运动的速度训练提出了更高的要求。

篮球运动速度的特点表现为：

①身体重心低，反复变速变向。

②连续往返的快速冲刺。

③起动速度快，需要较强加速度能力，长时间变速能力强。

3. 篮球运动速度训练的要求

篮球运动者速度的起动速度、加速跑速度和速度耐力的训练是重点。因为篮球场只有28米长、15米宽，范围是有限的，所以要清楚地认识到在有限的范围内影响这类速度的主要因素是躯干的固定平衡力量与膝、髋、踝关节的爆发力与上肢的摆动力量。因此在篮球运动者进行速度训练时应注意：

①培养篮球运动者对时空的反应判断能力，以提高反应起动速度。

②着重发展动作的频率。

③快速跑动应与技术动作协调。

④速度训练应安排在训练前期进行。

（二）篮球运动速度训练的方法

篮球运动者的速度训练要与其他手段相结合进行，比如与发展最大力量、速度力量和完善动作技术（起动、滑步和急停等）结合。篮球运动者的速度训练应着力于提高场上的起动和快跑能力，无氧供能能力。

1. 反应起动速度训练

篮球运动中的反应起动速度主要是结合专项技术动作结构，并与其保持一致的速度练习，其训练方法主要有：

①可采用起动跑、追逐球、运球起动等练习来缩短运动各环节，特别是关键环节的反应时间。

②增强完成专项动作的能力，增加技术动作的信息量，提高人体对技术动作的感知能

力，培养运动意识，缩短反应时的潜伏期。

2. 动作速度训练

发展篮球运动动作速度的重点是提高关键技术环节的速度，其训练方法主要有：

①对单个动作的关键环节和组合动作的衔接动作进行反复的训练，提高衔接动作速度，从而缩短完成动作的时间。经常练习的方式有投篮快出手、传球时手指手腕爆发用力。

②提高完成动作的频率可采用在规定完成的动作次数中缩短完成的时间，或者在规定时间内完成动作的次数，如对墙传球 1 分钟完成 60 次。

3. 移动速度训练

影响篮球运动移动速度的主要因素是运动的频率和技术动作的幅度。所以，发展篮球运动者移动速度的主要方法是提高运动频率和运动幅度。在保证一定动作幅度的情况下，可以通过技术改进，提高身体素质，在一定时间内尽量多地完成各种动作次数来提高动作频率，如直线运球往返上篮要求 10 秒以内完成。而提高运动幅度的训练主要是对技术动作的改进，提高肌肉的伸展性、肌肉的力量素质以及关节的灵活性，充分利用运动者的身体条件，如中线快速三步跨跳上篮。

三、篮球运动的耐力训练

（一）篮球运动耐力的特点及训练要求

1. 篮球运动耐力素质的种类

篮球运动的耐力素质在不同方面的分类不同。从其供能特征方面可将其分为有氧耐力和无氧耐力；从与篮球运动的关系方面可将其分为一般耐力和专项耐力；从运动素质的特征可将其分为速度耐力、力量耐力、最大力量耐力和快速力量耐力等等。

2. 篮球运动耐力的特点

篮球运动的耐力素质以糖酵解为主要供能形式。所以，最大乳酸能和机体耐酸能力是篮球运动耐力训练的主要内容，并以有氧供能为辅助训练。有氧供能的训练是糖酵解供能训练的基础。有氧供能能力越强，篮球运动者在比赛和练习中的恢复能力就越强。但是，必须认识到保证篮球运动者在比赛过程中保持长时间快速运动能力的物质要素还是无氧供能和无氧–有氧混合供能。

3. 篮球运动耐力训练要求

通过对篮球运动耐力特点的分析，了解到篮球运动耐力训练的要求主要有：

①提高篮球运动耐力首先要增强有氧耐力水平。

②篮球运动的耐力训练要突出专项耐力的训练。

③篮球运动的耐力训练应有长年计划。

④准备阶段前期应注重发展有氧耐力，赛前阶段则着重发展无氧耐力。

（二）篮球运动耐力训练的方法

1. 重复负荷训练方式

重复负荷训练是指多次重复同一练习，两次（组）练习之间安排相对充分休息的练习方法。通过多次重复练习，不断强化运动条件反射的过程，有利于掌握和巩固技术动作；可使机体尽快产生较高的适应性机制，有利于发展和提高身体素质。构成重复负荷训练的主要因素有：单次（组）练习的负荷量、负荷强度及每两次（组）练习之间的休息时间。休息的方式通常采用静止、肌肉按摩或者散步。

这种训练方法的基础是无氧代谢。负荷最大心率达到 28 次 /10 秒以上，组间休息 5 分钟左右，心率下降至 15 次 /10 秒左右，再进行下一次的负荷刺激。如 400 米做 5～10 组。采用不同的强度安排各种重复性的练习。在篮球训练中常有 3 人直线快攻，可安排 1～5 个往返，然后再安排 5～10 个往返，即每组逐步增加往返次数，然后由最大到最小，强度随重复往返的次数而增减。还有连续抛接 10 个困难球等。

2. 持续负荷训练方式

持续负荷训练是指负荷强度较低、负荷时间较长、无间断地连续进行练习的方式。持续负荷训练通常用于发展一般耐力素质，可提高有氧代谢系统供能能力以及该供能状态下有氧运动的强度；可为进一步提高无氧代谢能力及无氧工作强度奠定坚实的基础。

这种训练的基础是保持最大吸氧量水平，提高人体有氧代谢水平，心率控制在 150 次左右。方法是常常采用变速跑、匀速跑和超越跑。如长时间安排快攻、防守步法、趣味性活动，又如折线跑、8 字围绕、连续跑动 28 米折返、连续碰板 100～200 次。

3. 循环负荷训练方式

循环负荷训练是指根据训练的具体任务，将练习手段设置为若干个练习站，练习者按照既定顺序和路线，依次完成每站练习任务的练习方式。这种方式可有效地激发练习情绪、累积负荷"痕迹"、交替刺激不同体位。其结构因素有：每站的练习内容、每站的运动负荷、练习站的安排顺序、练习站之间的间歇、每遍循环之间的间歇、练习的站数与循环练习的组数。运用循环负荷训练练习法可有效地提高练习情绪和积极性；可以合理地增大运动训练过程的练习密度；可以随时根据具体情况因人制宜地加以调整，做到区别对待；可以防止局部负担过重，延缓疲劳的产生，并有利于全面身体训练。

这种训练方法的特点是：各练习站有机联系，各个练习站平均负荷强度相对较低，各组循环内各站之间无明显中断，一次循环的持续负荷时间较长。负荷强度高低交替搭配进行。循环组数相对较多。前后部练习、上下肢练习顺序的配置或集中安排或交替进行。组织方式可采用流水式或轮换式。可提高疲劳状态下连续作战的能力以及有氧工作强度；可提高有氧代谢系统供能的能力、有氧工作强度以及有氧代谢供能状态下的力量耐力。

4. 间歇负荷训练方式

间歇负荷训练是指对多次练习时的间歇时间做出严格规定，让机体处于不完全恢复状态下，反复进行练习的方法。合理应用间歇负荷训练，可使心脏功能得到明显的增强，使机体各机能产生适应性变化；使糖酵解代谢供能能力、磷酸盐与糖酵解混合代谢的供能能力、糖酵解与有氧代谢混合供能能力和有氧代谢供能能力得以有效地提高和发展；使机体抗乳酸能力得到提高，以确保在保持较高强度的情况下具有持续运动的能力。

这种训练的基础是无氧和有氧的混合代谢。间歇时间是在没有完全恢复的情况下再进行下一次练习的刺激。如400米跑、100米快速跑、100米放松跑，反复进行。又如采用各种连续跑动40秒钟左右的练习，重复进行。

5. 变换训练方式

变换训练方式是指变换运动负荷、练习形式、练习内容以及条件，以提高练习者积极性、趣味性、适应性及应变能力的训练方式。

通过变换运动负荷，可使机体产生适应性变化，从而提高承受运动负荷的能力。通过变换练习内容，可使不同运动素质、运动技术和运动战术得到系统的训练和协调的发展。

依据变换的内容可将变换练习法分为内容变换练习法、负荷变换练习法和形式变换练习法。

负荷变换练习法的特点是：降低负荷强度，有利于学习和掌握运动技术。提高负荷强度及密度，可使机体适应大强度工作的需要。另外，可通过变换练习动作的负荷强度、练习次数、练习质量、练习时间、间歇时间、间歇方式及练习组数等变量方式，促使运动素质、能量代谢系统的发展与提高。

内容变换练习法的特点是：练习内容的动作结构可为变异组合，也可为固定组合，练习的负荷性质符合专项特点，练习内容的变换符合体能发展的需要，练习动作的用力程度符合专项的要求。

形式变换练习方法的特点是：形式变换练习法的运用主要反映在场地、线路、落点和方位等条件或环境的变换上。通过变换练习环境、变换练习气氛、变换练习路径、变换练习时间和变换练习形式进行训练。通过变换训练方式，使各种技术更好地串联和衔接起来；

对训练者产生新的刺激，激发起较高的训练情绪，进而促使神经系统处于良好的准备状态；促使训练者产生强烈的表现欲望，提高训练质量。

四、篮球运动的灵敏训练

篮球运动者的灵敏素质实质上是经过视觉感受在大脑皮层神经过程的转换，使已形成的各种准确有效的动作动力定型适应突然变化的运动情况。也就是说，篮球运动者的灵敏素质包含有快速的反应过程和较准确的运动过程。灵敏素质有助于掌握、运用各种复杂技战术和提高场上的应变能力，对篮球运动有着重要作用。

（一）篮球运动灵敏的特点及训练要求

1. 篮球运动灵敏素质的种类

灵敏素质从其与专项运动关系来看，可分为一般灵敏素质和专项灵敏素质。

（1）一般灵敏素质

一般灵敏素质是指人在各种活动中，在突然变换的条件下，迅速、准确、合理地完成各种动作的能力。它是专项灵敏素质发展的基础。

（2）专项灵敏素质

专项灵敏素质是学生在专项运动中，迅速、准确、协调自如地完成本专项各种技术动作的能力。它是在一般灵敏素质的基础上，多年重复专项技术，提高专项技能的结果。

篮球一般要求躲闪、突然起动、急停、迅速改变身体位置、切入、运球过人、跳起空中投篮、争夺篮板球等方面所表现的灵敏素质。

2. 篮球运动灵敏的特点

（1）精确性高，动作反应快

篮球运动者专项灵敏素质的精确性，反映自身运动与周围环境的感知能力，不仅要求视觉宽阔和目标的准确性，而且要求反应的快速性，表现为准确的投篮得分。

（2）运动时空感觉强

篮球运动的灵活性，要求学生能感觉得到内在结构和由此而产生的快速协调与精确性的协调。在精确地完成动作的同时不降低速度要求。通过人体的本体感觉控制学生的身体姿势和平衡能力，例如，在行进间急停跳投中，控制平衡能力强、速度快是投篮命中率高的重要保证。另外，篮球运动者的空间感觉好，优秀的篮球运动者对球场的位置感、距离感、球感、节奏感、灵敏感强，能感知球的落点、同伴和对手的位置、同伴和对手所能达到的空间高度和远度。

通常来说，篮球运动者的灵活性存在个性差异。前锋、中锋和后卫，在时间和空间的灵活性的要求上侧重点不同，它是篮球运动者的特殊体型所决定的。

3.灵敏素质训练的要求

①加强灵敏素质训练，特别要大力发展与灵敏相关的某些专项素质，如速度、柔韧、协调、弹跳等，为篮球训练的专项化全面打好基础。

②不宜过早地进行专门化训练。

③经常进行篮球专项的脚步动作练习，提高身体重心的转换能力，从而提高神经过程的转换速度，在神经中枢的参与下使手脚协调配合，完成各种高难动作。

④灵敏素质的负荷强度较大，持续时间不宜过长，练习安排应放在每次课精力最充沛的阶段，避免在身体疲劳和大脑不兴奋状态下安排练习。

⑤篮球运动灵敏素质要求特别重视专项灵敏素质的发展，应使学生了解篮球运动技术、战术的时空特征，从而能在复杂的条件下随机应变。

⑥加强弹跳训练，并提高人体在空中的控制能力。

（二）篮球运动灵敏训练的方法

①分解训练方法。主要通过各种基本技术动作、战术配合的分解和完整组合的训练，提高学生的各种感觉（球感、用力感、距离感、动作感、速度感等），如各种基本技术和基础配合训练。

②全面发展各项身体素质，特别是对形成灵敏素质有重要影响的相关素质，如快速的反应起动速度、协调的手脚配合和良好的爆发性弹跳速度等。

③形成最有利的篮球专项移动动作的姿势，提高各种运动动作的平衡和身体重心的转移能力。如持球的基本姿势，防守的基本姿势，采用滑步、抢断球、交叉步、变向跑、变速跑等发展身体重心的转移能力。

五、篮球运动的柔韧训练

（一）篮球运动柔韧的特点及训练要求

1.篮球运动柔韧性的分类

一般柔韧素质和专项柔韧素质是柔韧素质的两种不同类型。我们一般将能适应各项运动的一般身体、技术训练的柔韧素质称之为一般柔韧素质。它包括了人体各个关节的活动幅度和肌肉、韧带的拉伸性和伸展性。而专项柔韧素质则是指各专项中所特需的柔韧素质。它是掌握和提高专项技术必不可少的素质。

2.篮球运动柔韧性的特点

在篮球运动中，要求参与者的手指、手腕、肩、腰、腿及踝等部位有比较好的柔韧性。篮球运动者的柔韧性的解剖学特性与一般人并没有多大差别，主要是受到对抗肌为维持姿势而产生的肌紧张、牵拉性的条件反射而引起的肌肉收缩的限制，以及神经过程兴奋与抑制的协调性，对肌肉的收缩与舒张的影响。因此，篮球运动的柔韧性受到肌肉、肌腱、韧带、关节囊的弹性的影响，与其他运动项目相比要稍差，尤其对于身材较高大的运动者如果缺少柔韧训练就会更差。

3.篮球运动柔韧训练的要求

篮球运动应持之以恒地坚持柔韧素质训练。篮球运动者柔韧性的重要性经常容易被人忽视。由于力量、耐力和身体发育的影响，柔韧性会随着年龄的增大而减退。所以，篮球运动的柔韧性保持和改善是一个长期艰苦的过程，在每次训练中要坚持拉伸练习，并经常进行专门的柔韧练习课。

（二）篮球运动柔韧训练的方法

改善肌肉的伸展性和弹性，提高运动技术的动作灵活性和动作幅度，预防和减少运动损伤现象的发生是篮球运动柔韧性训练的主要目的。其常用的训练方法主要包括被动训练法、主动训练法和混合训练法。

1.被动训练法

柔韧的被动训练法是通过身体的重力、辅助器材和同伴的协助，让肌肉韧带被拉长的锻炼方法。

（1）各种负重和不负重的悬垂练习

例如，利用器械的重力悬垂，把重物放在直角压腿的膝关节下，让大腿后群肌肉被动拉长；又如利用身体的重力做单杠、双杠、肋木上正反肩关节的悬垂练习；再如轻负荷的提拉，下放时对脊柱后群肌有拉长作用。

（2）在同伴协助或者助力下，维持某种动作姿势

例如，一人平躺在地上挺直，抬举双腿放在另一人肩上，用臂或肩向前下方推压，进行直角压腿练习。

2.主动训练法

主动性训练是指通过人体肌肉快速收缩所获得的惯性，让肌肉的各个放松部位获得伸展和牵拉。

①通过肢体的各种摆动和振动，如各种踢腿、绕环、推墙等，达到拉伸肌肉和韧带的效果。

②协调发展小肌群轻力量，使放松的对抗肌和参加完成动作的肌群协调配合，并利用

惯性，使关节柔韧度达到最大限度。比如，手腕力量练习，使手背肌群放松，并使手背肌群牵拉，爆发性惯性越大，肌群拉伸越大。

3. 混合训练法

混合训练法是指在外力作用和自主肌肉收缩的共同影响下，两者共同加大拉伸效果。如直角悬垂压腿，既利用上体的重力下压，又通过腹肌的收缩加力，让腹后肌群拉长；又如负重仰卧起坐的前压腿练习，对脊柱后群肌肉、腹后肌群和韧带都有良好的牵拉作用。

第六章 高校有氧运动与塑身运动科学化训练

第一节 有氧运动与塑身运动的基本知识

一、有氧运动的概念

从本质上来讲，有氧运动指的是长时间开展的运动或耐力运动，能够有效地、充分地袭击练习者的心、肺，也就是练习者的血液循环系统与呼吸系统，使其心肺功能得到提高，进而保证身体的各组织器官都能够获得充分的营养供应与氧气，使得练习者最佳的身体功能状态得到维持。所以，有氧运动含义中所指的较长时间应该最好保持在超过 20 分钟，且维持在 30 分钟至 60 分钟之间，并且其运动形式应该对于练习者心肺功能的提高能够起到一定的促进作用，常见的运动形式有步行、慢跑、原地跑、骑自行车、游泳、有氧健身操，等等。而短跑、举重、静力训练或健身器械等运动，一般被称作是无氧运动。虽然它们能够使人的肌肉与爆发力得到增强，但是，之所以说无氧运动的健身效果没有有氧运动理想，主要是因为无氧运动不能够使练习者的心肺功能得到有效刺激。

二、有氧运动的特性

（一）需要较长时间开展的运动

有氧运动是一种需要较长时间开展的运动，最佳持续时间应该保持在 20 分钟至 60 分钟之间，而练习者体内的糖或脂肪等物质的氧化为运动提供了所需要的能量。

（二）一种全身性的肌肉活动

对于有氧运动而言，在开展时如果练习者机体全身参加的肌肉越多，那么获得的效果就越好，最佳状态是 1/6 至 2/3 的肌肉群参与。反之，如果练习者开展的是小肌肉的局部性运动，那么就会非常容易导致局部疲劳的发生，或直接中断运动过程，因此，想要高校体育教学改革创新与科学化训练研究持久开展是不可能的；同时，足够的氧气消耗量是很难达到的，更不要说促进血液系统、呼吸系统与循环系统的改善与提高了。

（三）具备一定的强度

对于有氧运动而言，应该在某一个特定的强度范围保持，最好是在中等强度、低等强度之间，同时，应该保持 20 分钟或者是更长的持续时间。

（四）具有一定的律动性

对于有氧运动而言，实际上是一种肢体的律动性活动。如果运动是具备律动性的，那么就很容易对运动强度进行控制，只有这样才能够在适宜的有氧运动强度范围内，维持合适的运动强度，进而获得最佳的效果。反之，如果运动是断续性的，那么就会存在较大的强度变化，从而获得不理想的运动效果。

三、塑身运动的基本知识

塑身运动是以身体练习为基本手段，运用专门的动作方式和方法进行锻炼，以塑造体形，培养姿态，改善气质，增进健康为目的的一项新兴体育项目。

塑身运动以塑造优美形体为主要特点。形体美的内容很广泛，它包括体形美、姿态美、动作美和气质美。形体美的方法也很多，它包括形体训练、健美运动、健美操、体育舞蹈、瑜伽等。

塑身运动以"健康、力量、美丽"为目标，是人类期盼与追求的身体状况的最高境界。在塑身运动中，无论是形体训练、体育舞蹈，还是健美运动、健美操，无不处处表现出"健、力、美"的特征。随着现代物质文明的不断提高，人们修饰与塑造自己愿望的意识不断深入，花钱买健康的观念不断提高，塑身运动在我国越来越受到欢迎和深入普及，广受推崇，它已成为走在生活时尚前沿的最佳运动项目，成为青少年特别是现代职业女性追求的目标。

第二节 有氧运动中各个项目的科学化训练

一、健身走

走是人们生活中最基本的运动形式之一，也是人们最早掌握的健身方法。千百年来，长久不衰，原因是它不分年龄、性别、体质强弱，不受场地器材的限制，只要坚持就能强身健体，防治疾病，延年益寿。

（一）健身走的锻炼价值

步行时由于下肢肌肉和机体许多肌肉得到活动，可防止肌肉萎缩。坚持走步的人比一般人腿部肌肉群收缩增多。步行速度越快，时间越长，路面坡度越大则负担越重，表现为心肌加强收缩，心跳加快，心输出量增大，这对心脏是个有效的锻炼。

（二）健身走的基本技术

①走路时头要正，目要平，躯干自然伸直，沉肩，胸腰微挺，腹微收。这种姿势有利于经络畅通，气血运行顺畅，使人体活动处于良性状态。

②步行时身体重心前移，臂、腿配合协调，步伐有力、自然，步幅适中，两脚落地要有节奏感。

③步行过程中呼吸要自然，应尽量注意腹式呼吸的技巧，即尽量做到呼气时稍用力，吸气时要自然，呼吸节奏与步伐节奏要配合协调，这样才能在步行较长距离时减少疲劳感。

④步行时要注意紧张与放松、用力与借力之间相互转换的技巧，即可以用力走几步，然后再借力顺势走几步，这种转换可大大提高走步的速度，并且会感到轻松，节省体力。

⑤步行时，与地面相接触的一只脚要有一个"抓地"动作（脚趾内收），这样对脚和腿有促进微循环的作用。

（三）健身走的方式

1. 自然步法

自然步法分缓慢走（每分钟60～70步）、普通走（每分钟70～90步）和快速走（每分钟90～120步）。缓慢走和普通走适用于一般保健，每次30～60分钟。

2. 摩腹散步法

摩腹散步法即在散步时，两手柔和旋转按摩腹部，每走一步按摩一周，正转反转交替进行。此法可促进胃液的分泌和胃肠道的蠕动，有助于防治消化不良和胃肠道疾病。每天坚持摩腹散步，对保持优美形体和消除腹部脂肪也有良好的效果。

3. 倒行法

预备姿势立正、挺胸、抬头、平视、双手叉腰，拇指向后，按腰部的"肾俞"穴位，其余四指向前。倒行时，左脚开始，左大腿尽量向后抬，然后向后迈出，全身重心后移，前脚掌着地，重心移至左脚，再换右脚交替进行。为了安全应选择场地平坦，周围无障碍物的地方进行。

倒行法锻炼能使腰部肌肉有规律收缩或放松，有利于腹部的血液循环改善，加强腰部组织新陈代谢。长期倒行锻炼，可以防治腰肌劳损、姿势性驼背，有利于保持人的形体健美和增强运动能力。

4. 摆臂步行法

以每分钟 60～90 步步行，两臂用力前后摆动，可增进肩部和胸廓的活动。适用于有呼吸系统慢性病的患者。

5. 竞走法

躯干保持直立或稍向前倾，两臂弯 90°左右，配合两腿前后摆动。先脚跟着地然后滚动全脚掌落地，膝关节要伸直。脚落地后，身体顺惯性前移，当支撑腿垂直地面时，摆动腿大腿向前摆，小腿随大腿向前摆出，此时摆动腿带动同侧髋关节向前送出。

6. 爬楼健身法

大步地蹬跨楼梯，可使大腿肌肉得到充分的锻炼；用脚掌轻快地逐级快下，可同时锻炼左右脑；小步匀速地上楼，可使上肢、腰、背、腿部等关节参加运动，促进心率加快，肺活量增大。

登楼梯是一项较激烈的有氧锻炼形式，锻炼者需具备良好的健康状态，一般采用走、跑、多级跨越和跳等运动形式。锻炼者可根据自己的身体状况和环境条件，选择适合自己的锻炼方法。

此外，对于有氧健身走而言，其基本技术不仅仅存在上述的几种，还有脚跟走法、蹬腿走法、边聊边走法等等。

（四）健身走的要求

1. 应精神放松

尽量使精神放松，才能起到调剂精神、解除疲劳的作用。

2. 注意选择适当的时间和地点

一是饭后一小时为宜，清晨、傍晚、临睡前都可步行；二是选择最佳环境，健身走的地点最好选择车辆少、树木多、空气新鲜的地方。

3. 要持之以恒

为了达到健身目的，步行时间以每天 30～60 分钟为宜。要天天坚持，持之以恒，使 60 分钟制度化。一日 60 分钟步行不必一次走完，可分成 2 次或 3 次。

4. 速度要适中

对每个人来说，走的速度取决于自己的健康状况，可慢可快，或者不快不慢的中速。刚开始锻炼，以慢速为宜。锻炼两周后可采用中速。第四周后可采用快速。对每一次健身走最好匀速进行，不要时快时慢或走走停停。

5. 控制好距离

步行的距离应该多少，需根据年龄或健康状况决定。开始时可进行短距离散步，然后每周增加一些距离。缓慢增加是最理想的锻炼方法，切不可急于求成。

6. 注意衣着

最好穿运动衣、运动鞋步行。

7. 运动量要适宜

健身走运动量的控制主要靠脉搏、睡眠、食欲及身体反应等自我感受来决定。如以心率为标准，步行时宜保持在大约120次/分。睡眠好，食欲佳，身体无不适，说明步行量适宜。不管选用何法，其运动量、运动强度应依每个人的健康状况而定。勿操之过急，应循序渐进，持之以恒。

二、健身跑

健身跑是通过跑步有效地增强身心健康的一项群众性健身活动。它虽然不那么吸引人，但确实是最简单、最有效的有氧运动。

（一）健身跑的锻炼价值

健身跑的锻炼价值主要表现在以下几个方面。

1. 可以保护心脏

跑步锻炼可以使冠状动脉保持良好的血液循环。长期练习跑步的人，冠状动脉不会因年龄增长而缩窄，保证有足够的血液供给心肌，从而可以预防各种心脏病。

2. 能够加速血液循环，调整血液分布，消除瘀血现象，提高呼吸系统功能

跑步是一项全身性的健身运动，能有力地驱使静脉血液回流，减少下肢静脉和盆腔瘀血，预防静脉内血栓形成。另外，跑步时加强了呼吸力量，加大呼吸深度，有效地增加肺的通气量，对呼吸系统有良好的影响。

3. 能够增强神经系统的功能，消除脑力劳动者的疲劳，预防神经衰弱

跑步可以调整大脑皮层的兴奋与抑制，也对调整人体内部平衡、调剂情绪、振作精神有一定的作用。

4. 能够促进人体新陈代谢，控制体重，预防肥胖症

跑步要消耗能量，促进机体新陈代谢，这是中老年特别是中年人减肥的极好方法。同时跑步也能改善脂质代谢，预防血内脂质过高，可以防治高脂血症。

（二）健身跑的基本技术

1. 跑步的姿势

跑步时姿势正确，才能跑得快而省力。其上体要正直微微前倾，头与上体在一条直线上不要左右摇晃。两臂的摆动除了维持身体平衡外，还能帮助两条腿的蹬地和摆动，加快跑的速度。摆臂时两臂稍离躯干，前后自然摆动；两手自然半握拳，肘关节要适当弯曲，以肩关节为轴，尽量做到前摆不露肘，后摆不露手，并且注意不要低头、弯腰和端肩。两腿后蹬是推动身体前进的动力，后蹬时应积极有力，髋、膝、踝三关节充分伸直，腿的前摆可以加大跑的步伐，前摆时大腿放松顺惯性向前成自然折叠。

2. 跑步的呼吸

跑步是一项消耗体力比较大的运动。在跑步过程中，要通过肺脏吸收大量氧气和排出二氧化碳。肺的换气量是否充分，呼吸动作是否正确，是疲劳出现迟早的关键。跑步时最好用鼻呼吸，在呼吸深急的情况下，也可用口协助呼吸。呼吸要慢而深，有一定的节奏，一般是两步一呼两步一吸，也可以三步一呼三步一吸。随着跑的速度加快，呼吸深度应加深，节奏加快，以满足身体对氧气的需要。

在进行强度较大的跑步练习时，呼吸频率增加很快，初学者往往会感到呼吸困难，要防止呼吸困难现象的出现，首先要适当安排运动强度和负荷量，要从实际出发，量力而行；其次要注意呼吸动作，调整呼吸节奏和加大呼吸深度。

（三）健身跑的方式

1. 慢速放松跑

慢速放松跑较简单，慢的程度可以根据自己体质而定，老年人或体弱者可以比走步稍快一点，呼吸以不喘大气为宜。全身肌肉放松，步伐轻快，双臂自然摆动。在跑步一开始应注意呼吸的深、长、细、缓，有节奏。运动时间一般以每天20～30分钟为宜，每周5～6次，也可隔1天1次。

2. 变速跑

变速跑就是在跑的过程中，快跑和慢跑交替进行的一种跑法，它适合体质较好的锻炼者。变速跑可根据自己的身体状况随时改变速度。如可慢速跑与快速跑交替，或中速跑与快速跑交替等。随着锻炼水平的提高，逐渐提高变速跑的速度，逐渐增大运动量，以最大限度地发挥健身跑的作用。

3. 跑走交替

此方式适合初学初练者或体弱者采用。通过十几周走跑交替的锻炼，就可以连续跑

15分钟，几个月后就可以连续跑几公里了。

在跑走交替的锻炼方式中，也可以做一些变化，如可以跑跳交替，即跑一段后跳上3~5次，再跑一段，再跳3~5次。这样可使肌肉关节在长时间墨守成规活动中得到休息，可缓解疲劳，同时锻炼弹跳力，也可增加跑步乐趣。

4. 定时跑

定时跑有两种。一种是每天必跑一定时间而不限速度的跑步。如第一阶段：适应期10~20周，每周3次，每次连续跑15分钟。第二阶段：适应期6~8周，每周3次，每次30分钟；巩固期4周，每周3~5次，每次30分钟。身体允许进行更大强度锻炼的年轻人，还可以每周跑3次，每次45分钟，最长可达60分钟。另一种是限定在一段时间内跑完一定距离的方法，开始时，可限定较长时间跑完较短距离，如在5分钟之内跑完500米。以后随着体质水平的提高可缩短时间加快跑的速度，或延长距离加快速度，以提高速度耐力素质。

5. 跑楼梯

跑楼梯是一种时尚的健身健美项目。跑楼梯要求腰、背、颈部和肢体不间歇地活动，肌肉有节奏地收缩和放松，可促进肺活量，加速血流，改善代谢和增强心肺功能。

第三节 塑身运动中各个项目的科学化训练

一、瑜伽

瑜伽健身是使心灵、肉体和精神和谐统一的一种运动方式，即使身心处于相对稳定、平衡的状态。瑜伽也是指个体与更宏大的某种事物之间的合一，也可称为具有灵性的存在。

（一）瑜伽的功能

1. 预防疾病，消除忧郁

瑜伽的一些姿势是轻柔的按摩和伸展身体同时使身体的每一个部分都得到益处。

2. 提高平衡能力

瑜伽练习对保持人体生理功能，如呼吸调整、心率、流汗、血压、新陈代谢的频率、体温和其他一些重要的机制的平衡很有好处。瑜伽重建人体功能的平衡效果显著。有些姿势是针对提高人的身体平衡能力。在练习活动的规律性开展下，人们能够获得许多，例如，坚韧、平衡、灵活性，抵抗疾病的一定免疫力，此外，还能够使自身的神经得到安定，疲劳得到消除，进而在睡眠的状态下使人们获得真正意义上的放松与安定。

（二）基本坐姿

1. 简易坐

坐在地上或垫子上，将右小腿弯曲，放在左大腿之下，将左小腿弯曲放在右大腿之下。双手放于两膝之上，头、颈、躯干都保持在一条直线上。

2. 半莲花坐

坐在地上或垫上，弯曲右小腿让右脚底板顶紧左大腿内侧，弯起左小腿并将左脚放在右大腿上，头、颈、躯干都保持在一条直线上。交换两腿的位置，继续再坐下去。患坐骨神经痛的人不宜做此练习。

3. 莲花坐

坐在地上或垫上，双手抓住左脚，将其放于右大腿上，脚跟放在肚脐区域下方，左脚底板朝天。双手抓住右脚，绊过左小腿上方，放在左大腿上，右脚底板朝天，脊柱保持伸直。尽量长久地保持这个姿势。交换两腿位置练习。

这个姿势较为难做，但它是一个很有用的松弛练习，掌握好它之后，能引发顺畅的呼吸，增加上半身的血液循环，对哮喘和支气管炎病人有益。每次打坐之后，要按摩两腿、两膝和脚踝。

（三）站立体位法

1. 风吹树式

做法：

①站姿。双脚并拢，合掌胸前。吸气，双手向头顶高举，手臂轻轻夹住耳际，上身有往上延伸之感觉。

②吐气，上身弯向左侧，与此同时，将髋部向右侧推移保持5次呼吸。

③吸气，还原向上。吐气，再弯向右侧，将髋部向左侧推移，保持呼吸5次。

2. 三角转动式

做法：

①保持两膝伸直的同时，将右脚向右方转90°，左脚向右方转约60°。

②呼气，双臂伸直，将上身躯干转向右方，让左手在右脚外缘碰触地板。右手臂向上伸展，与左手臂成一直线。双眼注视右手指尖，伸展双肩及肩胛骨。保持约30秒。

③恢复时吸气，慢慢先将双手、躯干以至最后将两脚转回各自原来的伸展状态，再转回基本站立式。

（四）跪姿体位法

以猫式为例

做法：

①金刚坐姿，双掌置于膝盖上，伸直背部，调匀呼吸。

②吸气，臀部离开脚跟，俯身向前，抬臀凹腰，膝部、脚背贴地面，手臂伸直，指尖对膝盖，下颌抬高，背部收紧，保持片刻。

③吐气，手掌施力收腹，拱起背部，头部向下，下颌尽量抵住胸部锁骨处，动作静止，自然呼吸5次。

④再次吸气，下颌向上抬，头部后仰，凹腰部，挺臀部。动作静止，自然呼吸5次。上、下各重复练习3次。还原金刚坐，调匀呼吸。

（五）蹲姿体位法

以花圈式为例

做法：

①蹲坐着，两脚并拢，脚心和脚跟要完全贴在地面上。

②分开大腿和膝盖，身体向前，两手由两腿中间向前伸。

③手臂弯曲往后，两手握住脚踝后面的部分。

④握紧脚踝之后，呼气，头向下碰触地面。

⑤停留一分钟，自然地呼吸。

⑥吸气，头抬起来，手松开，休息。

（六）瑜伽调息法

1. 呼吸法

认识呼吸的重要性并掌握正确的呼吸方法是瑜伽练习者的当务之急。改变你的呼吸，就改变了你的身体；改变你的呼吸，就改变你的心灵。呼吸通常有四种方式：

（1）胸式呼吸

仰卧式，右手轻轻放在肋骨上。深深吸气，但不要让腹部扩张，代替腹部扩张的是把空气直接吸入胸部。在胸式呼吸中，胸部扩张，腹部应保持平坦。然后，当吸气越深时，腹部越向内，朝脊柱方向收，肋骨向外和向上扩张，接着呼气，肋骨向下并向内收。

（2）腹式呼吸

仰卧式，右手轻轻放在肚脐上。吸气时，把空气直接吸向腹部，吸气正确，手随腹部抬起，吸气越深，腹部升得越高。随着腹部抬起，横膈下降，接着呼气，腹部向内朝脊柱方向收缩，凭着尽量收缩腹部的动作，把所有空气从肺部全部呼出来，横膈升起。

（3）完全（瑜伽）呼吸

仰卧式，左手放在肋骨上，右手放在肚脐上。慢慢地吸气，让空气先进入肺的下部，肚子抬高，再进入肺的中部和肺的上部。慢慢地扩张锁骨，以便吸入最后一点空气。接着慢慢地呼气，先放松肺的上部，再放松肺的中部，最后放松腹部，收缩腹部肌肉，让空气全部呼出。再循环吸气和呼气。完全（瑜伽）呼吸应是畅顺而轻柔的。完全呼吸是把以上两种类型的呼吸结合起来完成的，首先要熟练腹式呼吸后再练习完全呼吸。

（4）喉呼吸

喉呼吸是通过两鼻孔进行呼吸，由于收缩喉头声门还会带出轻微响声。在吸气时，能听到"萨"的声音；呼气时，能听到"哈"的声音，就像婴儿熟睡时发出轻微鼾声。喉呼吸是最奇妙、使用范围最广的呼吸法之一，它不受调息功法深浅的限制，做起来很简单，任何人、任何时候、任何姿势都可以兼练喉呼吸。练习者还可以把舌头向上或向后翘，让舌头底部顶住上颚后部来呼吸，练习喉呼吸时尽量做深呼吸。

2. 收束法

收束法是瑜伽术中的一种"封锁法"，目的是要把生命之气约束在身体的某些部分之内，形成某种类型的压力或力量。通常瑜伽收束法有四种，即：

（1）收颌收束法

至善坐式，两眼闭合90%；深吸气或呼气，悬息（屏气），低头，下巴紧抵胸骨，两臂伸直，向前耸肩，两手紧压两膝，保持姿势，直至你需要呼气或吸气为止；深呼气或吸气；抬头，还原成至善坐式。

（2）收腹收束法

至善坐式，深吸气，彻底呼气，悬息，稍低头，两臂伸直，向前耸肩，两手紧压两膝，腹部向内向上收，保持姿势；还原成至善坐式。

（3）会阴收束法

至善坐式，闭上两眼，放松；深吸气或呼气，悬息，用力收缩会阴部，保持姿势；还原成至善坐式。

（4）大收束法（庞达三收束法）

至善坐式，闭上双眼，放松；深吸气，再深呼气，悬息；同时做收颌、收腹、会阴三种收束法，保持姿势；慢吸气，还原成至善坐式。

3. 调息法

人体在吸气之后，就会自然地呼气，呼与吸之间还有着自然的停顿。瑜伽调息就是意守这呼吸过程中停顿的冥想。调息的目的既在身体方面，也在精神方面，瑜伽认为，人身体上的疾病主要是由于体内生命之气的流通发生障碍引起的，通过练习"吸纳"（吸气）、"呼吐"（呼气）、"悬息"（屏气）来调节体内生命之气向正确方向运行，就能确保整个经络系统中生命之气的畅通，使人体保持健康。瑜伽调息法通常有五种：

（1）风箱调息

分两个阶段进行练习。

第一阶段：以一种舒适的瑜伽坐姿打坐（至善坐式或其他坐姿），右手食指和中指放在前额中央，大拇指放在右鼻孔旁，无名指放在左鼻孔旁；大拇指按住右鼻孔，做快速腹式呼吸10次；左鼻孔深吸气，再关闭两鼻孔，做收颔收束法和会阴收束法，或两者做其一，悬息1~3秒；稳定地用两鼻孔同时呼气（喉呼吸法），换右鼻孔同样练习，这样算完成一个回合练习；做2个回合。

第二阶段：按原先姿势打坐，两手平放两膝上，两鼻孔同时快速呼吸10次；深呼吸，吸气后，悬息1~5秒，同时，做收颔收束法和会阴收束法，或者只做其中一种；呼气抬头，这是一个回合；做3个回合；仰卧式，放松休息1分钟。

（2）圣光调息

以一种舒适的瑜伽坐姿打坐，闭上双眼；像风箱调息那样做腹式呼吸，不同的是，使劲做呼的过程，让吸气慢慢自发地进行；每次呼气后，做短暂悬息，同时做收颔收束法、收腹收束法和会阴收束法，意守眉心，以舒适为限，然后解除三种收束法，慢慢吸气；呼气25次后，做最后一次呼气时，尽量呼出肺部空气；重复练习2个回合。

（3）昏眩调息

至善坐式，闭上双眼；缓慢而深长吸气；悬息1~3秒，同时做收颔收束法，缓慢而彻底地呼气；吸气，抬头；重复练习2~3次。

（4）清凉调息

至善坐式，张开嘴，舌头伸出，卷成一条管子，缓慢而深长吸气，吸满空气后，闭上嘴巴；低头，悬息1~5秒，同时做收颔收束法；抬头，呼气。

（5）经络调息

分两个阶段进行练习。

第一阶段：单鼻孔呼吸，至善坐式，右手食指中指放在前额中间，大拇指放在右鼻孔旁，无名指放在左鼻孔旁；大拇指轻按右鼻孔，用左鼻孔呼吸5次；移开大拇指，无名指轻按左鼻孔，用右鼻孔呼吸5次；做10个回合。

第二阶段：双鼻孔呼吸，按原先打坐姿势坐好。大拇指轻按右鼻孔，左鼻孔吸气。无名指轻按左鼻孔，右鼻孔呼气；右鼻孔吸气，按住，左鼻孔呼气。第二回合，从左鼻孔吸气开始，如此循环下去做10个回合。

（七）瑜伽松弛法

瑜伽松弛法是一种让瑜伽练习者得到极好休息的功法，包括瑜伽休息术、瑜伽松弛法和瑜伽冥想。通过有意识地调身、调息、调心，使人体肌肉、精神、心灵达到松、静、自然的放松状态。

1. 休息术

瑜伽休息术由三个部分组成，即准备部分（瑜伽语音冥想）、基本部分（放松身体各部位和瑜伽场景冥想）、结束部分（充沛精力后起身放松）。

瑜伽休息术在夜间练习的主要目的是帮助人们尽快放松身心，消除失眠的痛苦，直到自然而然地睡着。因此，休息术的时间因人而异，相对于日间练习的时间长些，可以做三个部分的练习，如果做到基本部分，放松身体各个部位就睡着，那就更好。

瑜伽休息术有两种练习方法，第一种方法是由一个人读引导词，其余的人就聆听做练习；第二种方法是自己在心里默默自我引导练习。但人们必须经过第一种方法练习后，才能够做第二种方法练习。

2. 松弛法

（1）仰卧放松功

仰卧式，两腿分开与肩同宽，脚尖自然朝外，两臂放在身体两侧，掌心向上；双眼闭合，全身放松，自然呼吸；意守呼吸，每次吸气或呼气，都对自己说："我正在吸气或呼气。"

（2）俯卧放松功

俯卧式，两臂上举，掌心向下，双眼闭合，全身放松；意守呼吸，每次吸气或呼气，都对自己说："我正在吸气或呼气。"

（3）鱼戏式放松功

俯卧式，头右转，两臂上举，十指相交，置于头部下方，右腿弯曲，靠近胸部；转动两臂，左肘朝上，右肘放在右大腿上，头靠在左臂弯曲处；保持姿势；还原成俯卧；换左侧同样练习。

（4）仰卧伸展放松功

仰卧式，两腿稍分开，两臂上举，掌心向上，平放地上，双眼闭合，全身放松；吸气，右臂和身体右侧向上伸；呼气，右臂和身体右侧还原；吸气，右腿向下伸展；呼气，右腿还原；换左边做同样练习。

（5）动物式放松功

长坐式，右腿屈膝，右脚抵住左大腿内侧；左腿后屈，左脚跟抵住臀部；吸气，两臂上举，掌心向前；呼气，上体前屈，前额触地，保持姿势；吸气，还原；换左边做同样练习。

（6）婴儿式放松功

跪坐式，两臂下垂，两手放在两脚旁，掌心向上，指尖向后；上体前屈，腹部胸部紧靠大腿，前额轻轻触地，两臂放松，保持姿势；还原成跪坐式。

（7）月亮式放松功

跪坐式，两臂上举，掌心向前；上体前屈，前额轻轻触地，保持姿势；还原成跪坐式。

（8）手抱膝放松功

仰卧式，两腿屈膝，大腿贴近胸部，两手十指交叉抱住双膝，双眼闭合，全身放松，保持姿势；还原成仰卧式。

（9）摇摆放松功

仰卧式，两腿屈膝，大腿靠近胸部；两手十指交叉至大腿下，抱住两腿；低头，让身体前后摇摆5次，顺势成蹲式。

（10）站立放松功

开立式，低头，下巴贴近锁骨，双眼半闭，两臂、两手和所有手指垂下；放松肩背、大腿、小腿肌肉，全身放松，保持姿势；抬头，还原成开立式。

3. 瑜伽冥想

瑜伽冥想，简单地理解，就是一种克服物质欲念的方法，是在精神完全放松时给自己的一种暗示。目的在于获得内心平和与安宁。瑜伽冥想练习是将思绪停留在一个点上，固定不动，通过排空杂念，渐渐地找回自我，明晰自身，最终达到精神快乐和智慧。

通过瑜伽冥想练习，能很好地调理身心，消除由于精神紧张和忧虑引起的各种疾病，改正很多有害于身心健康的不良习惯，成为最有效地预防身心疾病的良药。

（1）瑜伽冥想坐姿

瑜伽冥想坐姿指的就是打坐姿势。瑜伽冥想打坐有很多种，最常用的姿势包括简易坐式、至善坐式、半莲花坐式、莲花坐式、雷电坐式。

所有瑜伽冥想坐姿都具有减少下肢血流量，减缓身体血液流速，消除下肢僵硬和疲劳，补养脊柱下半段，改善腹部脏器的功能。

瑜伽冥想练习时要求全身放松，腰背挺直，自然呼吸，面带微笑，双目垂帘，下巴里合，舌抵上颚，嘴唇轻闭，心无杂念，专注练习。

（2）瑜伽冥想手势

可以把瑜伽冥想手势当作是个体能量和宇宙能量融合的姿势。它既可以是精神的、情感的、信仰的。也可以是单纯的动作。通过瑜伽冥想手势的练习，可以使练习者消除紧张和忧虑，获得身体与精神两方面的健康。

常用的瑜伽冥想手势有：

①智慧手势：至善坐式，两手放在两膝上，掌心向上，大拇指和食指相触，其余三指自然伸直。

②大地手势：至善坐式，两手放在两膝上，掌心向上，拇指和无名指相触，其余三指自然伸直。

③流体手势：至善坐式，两手放在两膝上，掌心向上，拇指和小指相触，其余三指自然伸直。

④能量手势：至善坐式，两手放在两膝上，掌心向上，拇指、无名指、中指相触，其余两指自然伸直。

⑤生命手势：至善坐式，两手放在两膝上，掌心向上，拇指、无名指、小指相触，其余两指自然伸直。

二、普拉提

（一）普拉提训练原则

1. 专注力

专注力对身心的重要性是不需要质疑的，它有利于理清思绪、集中精神、增加和培养冷静处理突发状况的能力。在普拉提练习开展的过程中，必须要保证每一个动作的完成都是全身心投入的，在保证动作准确度的同时，还要对身体动作观察的敏锐度进行培养，从而使其自身姿势正确性评断与动作自我纠错的多项能力得到建立与培养。

2. 控制力

运动时若对动作无控制力，不但无法从运动中受益，反倒容易造成伤害。普拉提的运动疗法没有随性或偶然发生的动作，每一个动作都是经由意识性的引导，例如头的位置、背部的弧度、手指的方向、手腕弯直、膝盖面向，而非听任身体的摆布限制。

3. 流畅感

想要有优雅的举止，就得从动作流畅感的训练做起。僵硬的肢体动作通常是因为肌肉过度紧绷，限制了关节活动范围，或是因肌力无法支撑肢体所造成。若想拥有芭蕾舞般的优雅身形，并改善僵硬的肢体动作，则得从矫正身体的不平衡做起。

4. 核心

普拉提运动疗法指的"核心"是肋骨以下至骨盆的部位，这个部位被称作能量室。加强此部位的肌肉群可提高身体的稳定性及全身姿势的正确性。

（二）普拉提动作解读

1. 使颈部保持弯曲状态

①练习者在垫子上面仰卧，分开自己的双腿，保持与胯部同样的宽度；收紧自身的腹肌，保持骨盆的中立状态，在地面上紧贴上自己的肩胛骨，同时打开胸部。

②练习者将自身的后颈部伸长，同时轻轻地用下巴去尽量与前胸接触；练习者吸气，将头部通过腹肌的力量向上，微微地向前拉起。

③练习者呼气，向初始位置还原，通过腹肌来控制头部。

2. 使腹部保持弯曲状态

①练习者在垫子上仰卧，保持双腿的弯曲状态，且同胯部之间保持同样宽度状态；练习者双手在地板上平放，手心朝下；吸气。

②练习者将后颈部伸长，使自身的腹肌收缩，在脑后枕住双手。

③练习者吸气，与此同时将头部用双手扶住，向上将连肩胛骨在内翘起。

④练习者朝着骨盆的方向将前部的胸骨与肋骨进行放松，伸直双腿；练习者吸气，同时保持原有姿势不变，保持骨盆的中立状态，伸直自身的脖颈与脊柱；练习者呼气，向初始位置还原，将腹肌收紧。

3. 练习者的伸腿练习

①练习者在垫子上仰卧，保持双腿和胯部之间的同等宽度，弯曲左腿，伸直右腿；收紧自身的腹肌，保持骨盆的中立状态，在地面上紧贴肩胛骨，同时打开胸部。

②练习者吸气，抬高自己的右腿，与骨盆之间成45°的状态，同时保持骨盆的中立状态，放松脊柱。

③练习者呼气，将自身的右腿向初始位置还原。并且此期间将腹肌始终收缩，需要注意的是肩胛骨与地面之间要始终保持接触；完成上述动作以后，再换成左腿，对上述的动作进行重复。

4.桥式练习

①练习者在垫子上仰卧，双腿保持弯曲且平行的状态，在身体的两侧平放双手，手心朝下；练习者吸气，向着肋骨方向下沉肩膀，挺直背部，收紧腹肌。

②练习者呼气，抬起骨盆，平行于背脊的中部；将腹肌、臀肌和脚筋收紧，两只脚掌完全同地面接触。

参考文献

[1] 王冬梅. 高校体育教育创新发展研究 [M]. 长春：吉林人民出版社，2021.

[2] 高慧林，耿洁，张丽. 现代体育教学创新与运动训练发展研究 [M]. 北京：中国华侨出版社，2021.

[3] 李慧. 高校体育教学改革与科学化训练研究 [M]. 沈阳：辽宁大学出版社，2021.

[4] 仵美阳. 大学体育与健康 [M]. 武汉：华中科学技术大学出版社，2021.9.

[5] 秦德平，徐新建，马荣超. 应用型高校体育与健康教程 [M]. 厦门：厦门大学出版社，2021.

[6] 李海英. 新时代高校体育教学的多维研究与运动教育模式 [M]. 北京：人民体育出版社，2020.

[7] 朱海莲. 普通高校特殊体育教育教学研究 [M]. 杭州：浙江工商大学出版社，2020.

[8] 张鹏. 高校体育文化教育与运动研究 [M]. 长春：吉林科学技术出版社，2020.

[9] 钟贞奇. 大学生体育健康与体育运动 [M]. 长春：吉林人民出版社，2020.

[10] 谢丽娜. 高校体育风险管理研究 [M]. 长春：吉林人民出版社，2020.

[11] 杨乃彤，王毅. 高校体育教学创新及运动教育模式应用研究 [M]. 北京：九州出版社，2019.

[12] 张斌彬，李晓雷，王晶. 体验式教学 高校户外运动教学与实践研究 [M]. 应急管理出版社，2019.

[13] 李纲，张斌彬，李晓雷. 高校户外拓展运动教学与心理拓展实践 [M]. 郑州：黄河水利出版社，2019.

[14] 刘伟. 高校体育教育创新理念与实践教学研究 [M]. 北京：九州出版社，2019.

[15] 邱建华，杜国如. 体育与健康教学研究 [M]. 南昌：江西科学技术出版社，2019.

[16] 岳抑波，谭晓伟. 高校足球运动理论与战术技能研究 [M]. 长春：吉林人民出版社，2019.

[17] 鲁长春. 高校田径教学与训练实践研究 [M]. 沈阳：沈阳出版社，2019.

[18] 李志伟. 现代高校体育与健康教程 [M]. 天津：天津大学出版社，2019.

[19] 徐勤儿. 大学体育 [M]. 苏州：苏州大学出版社，2019.

[20] 严美萍.高校健美操与校园体育文化的协同发展研究[M].长春：吉林大学出版社，2019.

[21] 余丁友.现代篮球运动教学与训练研究[M].北京：冶金工业出版社，2019.

[22] 肖洪凡，刘晓蕾.休闲体育课程建构理论与实践研究[M].石家庄：河北人民出版社，2019.

[23] 孔宁宁.高校竞技健美操体能训练与健康教育[M].延吉：延边大学出版社，2019.

[24] 赵萍.健美操课程教学分析与实践创新[M].长春：吉林大学出版社，2019.

[25] 宋珊，李大鹏.篮球教学与训练研究[M].长春：吉林出版集团股份有限公司，2019.

[26] 冯斌，王一乐，郭华帅.现代高校体育教学与运动训练方法研究[M].长春：吉林大学出版社，2018.

[27] 王建军，白如冰.高校体育文化教育研究[M].长春：吉林美术出版社，2018.

[28] 孙宝国.高校体育审美教育研究[M].长春：吉林美术出版社，2018.

[29] 马鹏涛.高校体育教学改革创新与科学化训练研究[M].北京：新华出版社，2018.

[30] 曹宏宏.高校体育与健康课程教学实践改革研究[M].长春：吉林出版集团股份有限公司，2018.

[31] 张新萍，武东海，尚瑞花.大学体育新兴运动项目教程[M].广州：中山大学出版社，2018.

[32] 施倍华，章步霄，周兰.瑜伽与体育舞蹈[M].北京：中国书籍出版社，2018.

[33] 答英娟，包静波，王锋.体育与健康[M].北京：北京邮电大学出版社，2018.

[34] 谭晓伟，岳抑波.高校篮球教学开展的理论与实践研究[M].长春：吉林人民出版社，2018.

[35] 宋军.高校体育保健课与体育教学[M].成都：四川大学出版社，2018.

[36] 曹丹.体育健康与体育教育学研究[M].天津：天津科学技术出版社，2018.